인도 전통 요가의 맥脈

초급

인도 전통 요가의 맥 脈

배해수 편역

지혜의나무

감사의 글

나마스테! Namastte!

　요가경전들을 모은 '요가비전Yoga 秘傳'에 이어 두 번째로 인도 전통 요가를 소개한 전문 실용서 '인도 전통요가의 맥脈'이 세상에 나오기까지 도움을 주신 모든 분들께 감사드립니다.

　여러 면에서 지원을 아끼지 않았던 한국요가협회 이정훈 회장님과 사무국장 김삼곤 님을 비롯하여 협회회원님들과 끊임없는 관심으로 지켜봐주신 배정희, 최갑표, 반석진, 노미경, 김수정 님, 아유르베다학회 류태희, 김재민 님, 인도로 가는 길 정무진 님, 그리고 자료구입과 번역과정에 도움을 주신 혜인스님께 진심으로 감사드립니다.

　전통요가 자세사진을 위해 많은 시간을 내준 아름다운요가동호회 최진호 님과 정확한 자세를 위해 수고해주신 심태주, 백다연, 박은정, 권지혜, 곽진이 님, 책의 내용을 다듬어주신 조미경, 김희숙 님, 이 분들의 적극적인 도움이 없었다면 이 책의 완성은 쉽지 않았을 것입니다. 출판을 허락해주시고 모든 과정을 함께해주신 '지혜의나무' 이의성 사장님과 좋은 책이 되도록 정성을 모아주신 편집부의 노고에 감사드립니다.

　문화에 대한 새로운 이해와 시야를 넓혀준 전북대 문화인류학과와 동국대학교 체육교육학과, 그리고 호원대 요가학과의 인연들에 감사드립니다. 늘 염려와 격려를 주시는 존경하는 최인규, 이광철 님과 이 책이 나오기를 기다리며 관심을 주신 모든 분들께 지면을 빌려 깊은 감사를 드립니다.

초급 과정의 요가 자세 Asanas

중급

중급 과정의 요가 자세Asanas

상급 과정의 요가 자세Asanas

기를 통제하는 자세 | 누운 금강金剛의 자세 Supta-Vajrasana | 감춘 연꽃 자세 Gupta-Padmasana | 세운 개구리 자세 Uttan-Mandukasana | 그네 자세 Lolasana | 수탉鷄 자세 Kukkutasana | 물고기魚 자세 Matsyasana | 등 펴기 자세 Paschimottanasana | 반 연꽃 등 펴기 자세 Ardha-Padma-Paschimottanasana | 수평저울 자세 Tolangulasana | 왕 비둘기 자세 Raja-Kapotasana | 마리차의 자세 Marichyasana | 성자聖者 마첸드라 자세 Matsyendrasana | 완전하게 일어선 코브라 뱀 자세 Puruna-Bhujangasana | 메뚜기 자세 3 Shalabhasana | 활弓 자세 2 Puruna-Dhanurasana | 열정熱情의 자세 Ugrasana | 수레바퀴輪자세 Cakrasana | 균형의 자세 | 위로 선 거북이자세 Uttankurmasana | 까마귀鳥 자세 Kakasana | 한 다리를 든 학의 집중자세 Eka-Pada-Baka-Dhyanasana | 두루미鶴 자세 Bakasana | 양팔로 지지된 자세 Dwi-Hasta-Bhujasana | 서서 실행하는 자세 | 인내忍耐의 자세 Utkatasana | 비튼 삼각형 자세 Parivrtta-Trikonasana | 휘돌리기回轉 자세 Dolasana | 발끝으로 선 자세 Pada-Angushthasana | 무릎 사이에 얼굴을 끼우는 자세 Utthita-Janu-Shirshasana | 이마를 엄지발가락에 대는 자세 Shirsha-Angusthasana | 어깨로 서는 자세 Sarvangasana | 어깨로 선 연꽃 자세 Padma-Sarvangasana | 무릎으로 귀를 막는 자세 Karnapidasana | 전갈蝎 자세 Vrischikasana | 공작孔雀 자세 Mayurasana | 연꽃 공작孔雀의 자세 Padma-Mayurasana | 원숭이 장군將軍의 자세 Hanumanasana | 금욕자禁慾者의 자세 Brahmacharyasana | 성자聖者 고락샤의 자세 Gorakshasana | 현인賢人 가샤파 자세 Kashyapasana | 현인賢人 비스와미트라 자세 Vishwamitrasana | 8자 꼬기 자세 Astavakrasana | 불사조不死鳥 자세 Garudasana | 시바신의 춤 자세 Natarajasana | 천마天馬 자세 Vatayanasana | 조밀稠密한 자세 Samkatasana | 한 다리 목뒤에 걸기 Eka-Pada-Sirasana | 누워 두 발목을 목뒤로 걸기 Dwi-Pada-Kandharasana | 물구나무서기 자세 Shirshasana | 지지되지 않은 물구나무서기 자세 Niralamba-Shirshasana | 연화좌의 물구나무서기 자세 Urdhwa-Padmasana | 이완의 자세 | 무한 뱀의 자세 Anantasana | 악어鰐魚 자세 Makarasana

수많은 요가의 흐름에서 현대에 이르기까지 구체화된 가장 큰 지류는
8단계로 설정된 파탄잘리의 아쉬탕가-요가Ashtanga-yoga와 마하-요가Maha-yoga입니다.
파탄잘리Patanjali가 모든 요가의 형식을 통합했다면,
마하요가는 만트라Mantra, 하타Hatha, 라야Laya,
그리고 라자-요가Raja-Yoga 4개의 형식만을 계승 발전시켰습니다.
— R.S. 보갈

초급 과정을 위한 요가

요가Yoga의 길은 놀라움으로 가득한 연결된 여정이며
끝없는 인생길이다.
— 시바 수트라 Siva Sutra

이 책의 특징과 구성

이 책은 전통요가의 흐름을 이어갈 한국의 요가 수행자들을 위한 교재의 필요성 때문에 출판하게 되었습니다. '요가란 이런 것이다'라고 말할 수는 없겠으나, 근래에 대두된 요가에 대한 무성한 논의에 비해 실제로 그 깊이를 가늠할 수 있는 적절한 안내서가 부족합니다. 한편에서는 요가를 단순히 체력단련이나 신체관리의 방편으로만 여기는 경향도 있고, 다른 한편으로는 각자의 해석대로 의미를 부여하다 보니 오히려 본연의 뜻에서 멀어져 있는 경우도 많이 있습니다.

여러 가지 종교적 현상들이나 철학, 혹은 인간에 관한 고찰은 세계 어디서나 독특한 역사와 전통을 이어오고 있습니다. 그 중에서 종교성과 철학적 사상체계 그리고 실천방법까지 세세하게 제시하고 있는 '요가'라는 분야는 오직 인도라는 땅에서만 탄생되어 이어져온 위대한 유산입니다. 모든 것들이 변화의 흐름에서 예외일 수 없듯이 요가도 시대적 환경에 따라 그 의미들이 달라질 수 있습니다. 다만, 요가의 여러 면면을 이해하고 받아들이자면 그 전통을 따르는 것이 목적과 방법의 혼란을 최소화하는 길일 것입니다. 이런 이유로 필자는 인도의 전통 요가를 표방하는 교육기관과 연구소 그리고 전문 요가지도자를 양성하는 단체들을 찾아가 그들이 지도하는 수련과정을 직접 체험해 보았습니다. 그 속에서 얻은 체험 자체를 그대로 전할 수는 없겠으나, 미력하나마 요가의 자세에 녹아 있는 전통의 맥脈을 전달하자는 것이 이 책을 내게 된 취지입니다.

전통 요가의 교전인 게란다 상히타Geranda-Samhita에는 "생물의 수효만큼이나 많은 아사나들이 있으며, 시바Siva신으로부터 전수된 것으로는 8만 4천 종의 아사나Asana들이 있다" 라고 적혀 있습니다. 이 모두를 다 습득할 수는 없겠고, 사실 아사나들의 수효를 다 안다는 것이 요가를 다 아는 것이라고도 말할 수는 없는 것이기에 우선

은 전통 교육기관에서 출판된 서적들과 교육자료 중에서 반복되어 소개되고, 명칭이 분명한 것들을 우선적으로 간추려 엮었습니다.

요가는 오랜 세월을 이어오는 동안 시대와 환경에 따라 특징적인 흐름을 이루어왔습니다. 그 결과 수행법들에도 조금씩 차이가 생기게 되었습니다. 요가자세도 예외는 아니어서 이름은 비슷한데 자세는 다른 경우가 있기도 하고, 자세는 같은데 이름이 다른 경우도 있습니다.

전통傳統이란 역사적 생명력이 과거를 통해서 현재에 의미를 주고 미래에도 이어지는 것이기에 요가에 대한 분명한 의미를 알고자 한다면 먼저 그 뿌리를 찾아보는 노력이 필요할 것입니다. 이러한 필요성 때문에 하타-요가Hatha-yoga 경전에서 설명하고 있는 자세들을 중심으로 전통적인 방법에 따라 수행하고 연구 지도하는 교육기관을 찾아보았습니다.

인도에는 큰 스승Guru들의 계보를 잇는 연구의 역사가 길고 그 정통성을 인정받고 있는 요가문화 종합대학들이 있습니다. 카이발야다마 요가대학Kaivalyadhama, S.M.Y.M Samiti, 비하르대학Bihar, School of Yoga, 비베카난다대학Vivekananda, Kendra Prakashan 등이 그러한 교육기관입니다. 이들 학교의 교재를 중심으로 참고하였고, 일반적인 요가안내서와 유럽에서 출간된 책들을 비교하고 분석하여 각 교재들에 실린 중복된 자세들을 선별하였습니다.

또한 전통 하타-요가Hatha-yoga 경전인 하타-프라디피카Hatha-pradipka, 시바-상히타Siva-samhita, 게란다-상히타Gheranda-samhita, 고락셔-샤타카

Goraksha-sataka 등에서 설명된 자세들을 간추려 수록하였는데, 이 책에서는 편의상 약자로 (H.P), (S.S), (G.S), (G) 등으로 해당 자세에 표기하였습니다.

요가에는 자세Asanas만 있는 것이 아니라, 몸을 정화하는 방법Kriyas을 비롯하여 호흡에 의해 기운을 고르고 통제하는 능력Pranayamas, 기관을 제어하는 수축법Bandhas 및 집중된 의식의 표현인 결인법Mudras 등이 있습니다. 이런 행법들은 요가 자세 수련과 함께 병행할 수도 있지만, 고대에서부터 이어온 인도의 전통요가에서는 먼저 자세가 몸에 익숙해진 후에 실행할 것을 권고합니다. 이런 이유로 이 책에서는 자세Asanas만을 엮었습니다. 좀 더 전문적인 지도가 필요한 정화와 호흡법, 수축 및 결인법 등은 기회가 되면 따로 엮어 출간할 것입니다.

이 책은 각 자세의 이름과 실행 방법을 정확하게 표현하는 것을 원칙으로 삼았고, 독자들이 쉽게 이해하고 따라할 수 있도록 자세의 진행순서와 완성된 자세를 사진으로 제시하였습니다. 또 자세를 실행할 때의 유의점과 그 결과로 나타나는 육체적·정신적 효과를 전통 요가 교재에 근거하여 기술하였습니다.

요가 자세는 남녀노소 누구나 할 수 있지만 무엇보다도 지속적으로 수행하려는 자기관리가 필요합니다. 지속적인 요가 자세 수행은 부족한 운동량과 긴장된 생활로 인해 경직된 몸과 정신적 스트레스를 스스로 풀 수 있도록 해줍니다. 그러나 몸이 유연하지 못한 경우에는 어려운 요가 자세가 오히려 몸에 고통을 줄 수 있기 때문에 단계적으로 접근하는 것이 바람직합니다. 요가 자세 수련 과정을 세 단계(초급·중급·상급)로 나눈 것은 이런 이유에서입니다.

요가는 심신의 건강을 증진시킬 뿐 아니라 원만한 인격 형성에도 지대한 영향을 주고 있어 전 세계적으로 주목받고 있습니다. 또한 특별한 장비나 넓은 공간을 필요로 하지 않기 때문에 언제 어디서나 마음만 준비된다면 가능합니다.

　현재 주목받고 있는 하타-요가Hatha-yoga는 몸을 건강하게 유지시킬 뿐만 아니라 마음을 깨어 있게 하고 정서적인 면에서도 균형을 갖게 하여 정신을 성숙시키는 토양이 됩니다. 이 책은 하타-요가를 익히도록 하는 데 중점을 두고 있습니다.

　이 책은 범어梵語 : Sanskrit로 이름 붙여진 자세들의 정확한 의미와 명칭에 관하여 범어사전을 통해 확인하며 편집되어 세 권의 책으로 나누어집니다. 일반인부터 전문적으로 요가를 지도하는 이들과 상급과정의 수련을 하고자 하는 이들을 위한 안내서가 되어 요가 자세에 대한 의문과 갈증을 해소하고 체계적인 요가 수련에 도움이 되기를 기원합니다.

2007. 2

배해수

전통 요가 참고 문헌

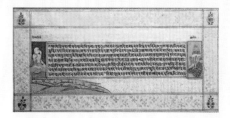

- Hathapradipika - (Swami Svatmarama) - Kaivalyadhama, S.M.Y.M Samiti, Lonavla
- Gheranda Samhita - Kaivalyadhama, S.M.Y.M Samiti, Lonavla
- Asanas - (Sawami Kuvalayanand) - Kaivalyadhama, S.M.Y.M Samiti, Lonavla
- Asana Pranayama Mudra Bandha - (Swami Satyananda Saraswati) - Bihar School of Yoga, Munger
- Yoga and kriya - (Swami Satyananda Saraswati) - Bihar School of Yoga, Munger
- Asana why and how - (O.P Tiwari) - Kaivalyadhama, S.M.Y.M Samiti, Lonavla
- Yoga - (Vivekananda Kendra Prakashan) - Rathna offset printers, Chennai
- Encyclopaedia of traditional Asanas - (Dr. M.L. Gharote) - The Lonavla Yoga Institute, Lonavla
- Yogic techhiques - (Dr. M.L Gharote) - The Lonavla Yoga Institute, Lonavla
- Yogasanas for classes - (Prakash P. Singh) - National council of Educational Research, New Delhi
- Yogic practices - (Sadashiv Nimalkar) - Yoga Vidya Niketan, Bombay
- Traditional way of Yoga - (Dr. Nitin Unkule) - Kaivalya yoga Institute, Pune
- Yoga for better health - (Acharya Bhagwan Dev) - Diamond pocket books, New Delhi
- Yoga - (Dr. P.D Sharma) - Dhanal brothers distributors, Mumbai
- Yoga postures for higher awareness - (Sawami Kriyananda) - Universal book stall, New Delhi
- Complete Yoga Book - (James Hewitt) - Century Hutchinson, England
- Cyclopedia Yoga - (Dr. Jayadeva Yogendra) - the yoga institute, Bombay
- Mental Health & Peace of Mind - (Dr. S.D Vinod) - Shanti Mandir, Pune
- The Tradition Yoga - (Georg Feuerstein) - Motilal banarsidass publishers private limited, Delhi
- Yogic & Nature cure treatment - (Naresh Kumar Brahmachari) - Central council for research in Yoga and Naturopathy

요가에 대한 소개

전통 요가에 대한 소개

요가는 몸과 마음이 치우침 없는 균형을 이루어 조화롭게 사는 방법을 제시한 과학적인 수행체계입니다. 몸의 건강을 위한 실천 방법이며, 정서적인 안정과 영적인 고양을 통하여 지고한 존재로 진화를 이루어가는 과정이라고 할 수 있습니다.

요가의 문자적인 의미는 범어梵語 : Sanskrit로 '묶다, 결합하다' 를 의미하는 '유즈Yuj' 가 그 어원으로, 불변하는 것 또는 단일한 것과의 연결과 조화를 뜻합니다. 이는 곧 몸을 통제하는 힘을 얻은 요가 수행자가 깊은 내면에 대해 성찰하는 것, 즉 명상을 통하여 우주적 의식과 개인의식이 결합됨을 의미합니다.

우리는 끊임없이 자기 안에서 떠올랐다가 사라지는 무수한 의식들과 자신을 둘러싼 물리적 환경 때문에 힘들어합니다. 이러한 내적·외적 갈등은 다름 아닌 존재에 대한 불확실성이 근본적인 문제입니다. 이 존재 의미에 관한 탐색은 관계들 속에서 수동적으로 정의되고 확인되는 것만은 아닐 것이므로 스스로 만족할 만한 답을 얻지 못하는 한 수많은 갈등은 생을 다하는 날까지 계속될 것입니다.

지금 자기 앞에 놓인 문제를 풀기 위한 방법만을 찾으려 한다면, 그 삶은 잠긴 문이 나타날 때마다 열쇠뭉치 속에서 그 문에 꼭 맞는 열쇠를 찾기 위한 시행착오를 거듭하게 될 것입니다. 그러므로 '꼭 맞는 열쇠' 를 찾기 위해서는 진지하게 자신을 둘러싼 세계를 이해하고, 나아가 그 법칙을 이해하는 주체로서 자신을 완성시키는 실천수행이 필요합니다.

그것은 세계와 하나가 되어 무엇에 대해서든 답을 내릴 수 있는 자신을 완성하는 것, 다시 말해 우주의식과 개인의식이 결합함으로써 자신 안에 우주를 품는 일입니다.

"공기는 우주를 직물 짜듯 짜고, 숨은 인간을 짠다"라는 우파니샤드 Upanisad의 경구처럼, 태초에 우주를 형성한 원소들이 수많은 단계를 거쳐 인간의 몸을 형성하였을 것이니, 인간의 몸 역시도 자체로 우주를 호흡하는 또 하나의 소우주인 셈입니다. 그러므로 요가를 통해 밝아지고 넓어진 의식의 눈으로 자신을 들여다보고 나아가 세계를 관조할 수 있게 된다면, 더 이상 생명을 가진 존재로서의 삶을 고통으로 느끼지만은 않게 될 것입니다.

이러한 사상이 근저를 이루는 요가는 육체와 정신의 현재적 조건을 극복하고 우주의 중심, 즉 존재의 시원에 다가서기 위한 수행법이라 할 수 있습니다. 따라서 전통적인 수행법을 배우고 익히는 것은 분리되어 있는 몸과 마음, 나아가 세계와의 총체성을 회복하는 방편이 되어 줄 것입니다.

하타-요가Hatha-yoga는 존재의 바깥쪽 영역인 육체를 점검하는 일에서부터 출발합니다. 이 단계에서 불균형을 경험할 때 신체 기관들과 근육 및 신경의 조화는 깨지게 되어 오히려 서로 충돌하는 작용들을 일으키게 됩니다. 예를 들어 내분비계의 질병은 불규칙한 습관들로 인한 신경 기능의 저하가 질병이라는 징후로 나타나는 것입니다. 우리 몸은 기본적으로 내부에 침투한 불순물들을 걸러내려는 면역기능을 갖추고 있습니다. 신체 내부의 무질서도가 커지게 되면 이러한 기능들이 제대로 발휘되지 못해 서로 얽히게 되고, 그 결과 질병이라는 형태로 외부에 신호를 보내게 되는 것입니다. 그러므로 이러한 신호가 나타나기 전에 육체의 불균형을 자각하는 것이 무엇보다 필요한데, 우리는 요가를 통해 이러한 불균형 상태를 감지할 수 있습니다.

아주 오래전부터 요가는 질병 치료를 위한 방법이 아니라, 몸과 마음의 균형을 깨는 요인을 스스로 깨달아 슬기롭게 해답을 찾아낸 선인들의 실천수행법이었습니다. 그러나 현대에는 대부분의 사람들이 요가를 신체적인 면에서의 실질적인 효과만을 기대하며 접근합니다. 그러나 요가의 궁극적인 목적은 질병의 치료를 위한 수단이 아니라 결함 없는 신체, 즉 모든 부분들이 제 기능을 할 수 있는 신체를 만들기 위한 인간 진화에 관한 지속적인 노력이라는 사실입니다.

이러한 육체의 균형을 바탕으로 감각기능과 감정을 제어하여 높은 정신세계를 이루어가는 것을 지향합니다. 그러므로 요가를 질병에 대한 치료법 혹은 운동으로만 여기지 않고 개인의 심신세계를 풍부하게 하기 위한 일련의 수행체계로 이해해야 할 것입니다.

벌거벗음으로써 신神과의 일치를 얻는다면, 숲 속의 모든 사슴들도 구원을 얻을 수 있다.
벌거벗든, 사슴 가죽을 입든 그가 마음 안에서 신神을 깨닫지 못한다면
무슨 소용이 있겠는가?

머리를 깎음으로써 완전성을 얻는다면, 어찌 양들이 구원을 얻지 못하겠는가?
금욕을 실천하는 사람이 구원을 얻는다면, 어찌 환관富官들이 지고의 보상을 얻지 못하겠는가?
들으시오, 나의 형제들이여!
신神의 이름 없이 그 누가 구원을 얻었습니까?
— 카비르 Kabir

　　현대인들은 의식과 외부환경 그리고 육체와의 상호 관계에서 무수한 혼란을 겪습니다. 이는 다름 아닌 의식과 육체의 단절, 개인과 환경의 단절이 그 원인입니다. 서로간의 관계를 유기적으로 이해하지 못하기 때문에 여러 요소들이 반목하는 양상으로 나타나는 것입니다. 따라서 무엇보다도 이러한 소외를 자각하고 극복하기 위한 인식의 주체를 바로 세우는 노력이 필요합니다. 요가수행은 몸과 마음의 통합과 조화를 위한 실천이자 자기 존재를 인식하기 위한 깊은 이해와 각성의 차원에 다다르는 길입니다.

실천 철학으로서의 요가

　　요가가 전 세계적으로 주목받기 시작한 이래, 수많은 요가 관련 서적들이 출간되었습니다. 그 중에서도 엘리아데M. Eliade의 『요가YOGA : Immortality and Freedom, Princeton University Press』는 수많은 요가의 편린들을 모아놓은 좋은 안내서입니다. 이 책에서 엘리아데는 육체적인 고통과 정신적인 번뇌로부터 자유를 얻고 시공을 초월한 영원의 차원에 도달하고자 하는 요가의 길을 설명하고 있습니다. 하타-요가의 수행을 통하여 육체적인 성과를 얻었다면, 더불어 이론적 근거들을 제시하고 있는 이 책과의 만남도 요가 수행길에 좋은 안내서가 되어줄 것입니다.

　　속박을 원치 않고 자유롭기를 갈망하는 것은 살아 있는 모든 생명들의 공통된 희망입니다. 그럼에도 불구하고 많은 이들이 자기라는 인식에서 벗어나지 못하고 세상을 두려워하여 스스로 울타리를 만듭니다. 하지만 누구도 들어오지 못하도록 쌓아놓은 마음의 담이 정작 자신의 마음 또한 가두고 있음은 깨닫지 못합니다.

　　자유와 영원한 행복을 원하지만 방법을 모른다거나 누군가가 구출해주기를 원하는 수동적인 태도로 진정한 자아를 찾기는 어렵습니다. 요가는 이러한 태도를 과감하게 버리고 마음의 출입구를 만들어 스스로 자유를 구하고자 하는 자발적인 시도와 이를 실천하려는 삶을 권합니다. 요가는 어떤 말이나 글로 정의하기 어려운 내밀한 사상이자 실천철학입니다. 겉으로 드러난 것뿐만 아니라 의식 깊은 곳에까지 살아 숨쉬며 영향을 주는, 오랜 세월동안 축적되어온 인류의 지혜입니다. 요가는 자신의 내면을 향하여 걸어가는 여행길이며, 그 여정의 끝은 몰입이고 삼매Samadhi입니다.

전통적인 인도철학에는 여러 갈래의 길들이 있습니다. 종교적인 길에서는 전통적인 힌두교를 비롯하여 불교, 자이나교가 있으며, 사상적인 체계에서는 요가Yoga를 포함하여 소위 6파 철학이라고 불리는 상키야Samkhya, 니야야Nyaya, 바이세시카Vaisheshika, 미맘사Mimamsa, 베단타Vedanta가 있습니다.

각기 다른 주장들에도 불구하고, 요가는 이들 모두에게 있어 복잡한 미궁 속을 빠져나가기 위한 실마리를 제공하거나 그 결과물이었습니다. 습관에 길들여진 행위를 스스로 알아내고 세속적인 욕망을 넘어 현재적 삶의 이전과 이후를 설명하기 위한 실천적 방법이었던 것입니다. 그러한 태도를 바탕으로 하여 현실을 무시하지 않고 현실만 바라보는 안목을 극복하는 방법을 제시하는 것, 그것이 바로 요가입니다.

통합을 위한 가르침의 교훈은 아래와 같은 것들이다.
호흡呼吸의 통제, 감각들의 조절, 마음의 집중, 명상, 열중 그리고 흡수력이다.
이러한 여섯 개의 구조로 되어 있는 것을 요가Yoga라고 부른다.
— 마이트리 우파니샤드 Maitri Upanishad

요가의 이론체계는 수많은 요가의 개념들을 하나로 연결시킨 파탄잘리Patanjali의 요가-수트라Yoga-sutra로부터 그 근거를 가지며, 누구나 접근이 가능한 체계적 단계로 다양하게 분류하고 있습니다. 요가의 방법적인 경우에도 그 성향에 맞게 선택할 수 있는 길이 제시되어 있습니다. 많은 갈래 중에서도 라자-요가Raja-yoga, 하타-요가Hatha-yoga, 갸나-요가Jnana-yoga, 박티-요가Bhakti-yoga, 카르마-요가Karma-yoga 그리고 만트라-요가

Mantra-yoga를 주류主流로 분류합니다. 그중에서 하타-요가Hatha-yoga, 라야-요가Laya-yoga, 쿤달리니-요가Kundalini-yoga는 인체를 진화의 수단으로 소중하게 인식하는 탄트라-요가Tantra-yoga에 포함될 수 있습니다.

장구한 세월을 흘러온 요가 전통은 한곳에 고여 있거나 머무르지 않고 사회 환경에 맞추어 문화적인 성장을 이끌며 진화하였습니다. 전통적인 요가에 바탕을 둔 여러 방법들이 스리-오로빈도Sri-Aurobindo에 의해 통합요가Integral-yoga라는 이름으로 다시 큰 틀을 잡았습니다. 다양한 길들이 독립적인 실천 방법을 제시하고 있지만, 초월의 목적을 위한 공통의 이름으로 되어 종합요가라고 불리는 것입니다.

은총과 도움은 언제나 모두에게 한계 없는 힘을 준다.
그들이 믿음과 신뢰를 가지고 받아들일 때
절대적인 믿음과 신뢰는 은총이며,
마지막 논리이며, 최고의 지혜이다.
모든 순간에 그가 힘들고 나쁜 곳으로 가더라도
우리를 절대로 실패하게 하지 않는다는 것을 알 때 믿음을 만들어낸다.
그대의 몸 안에서 고요하고 더 큰 평화를 확립하라.
그것은그대의 질병을 막아 주며 강함을 준다.
몸은 에너지 차원에서 질병을 거부하며, 마음은 거짓을 거부한다.
은총 그 자체가 치료이며, 약은 오직 몸을 믿는 것이다. 그것밖에 없다.
— 스리 오르빈도 Shi Aurobindo

요가의 역사적 배경

요가의 기원은 고고학적 발굴에 근거하여 현재의 파키스탄 지역에 해당하는 인더스Indus 강 유역의 모헨조다로Mohenjodaro와 하랍파Harappa에서 발견된 문명의 흔적으로부터 그 유래를 찾아볼 수 있습니다.

이곳에서 발굴된 수많은 유적·유물들에 종교 의례용으로 사용된 듯 보이는 거대한 규모의 목욕탕을 비롯하여 사제의 모습을 새긴 조각상이나 동물, 다양한 요가자세들을 취하고 있는 형상들을 볼 수 있습니다. 그 중 사슴의 뿔을 달고 요가자세를 취한 형상을 볼 수 있는데, 이는 뭇 생명의 보호자 '파슈파티Pashupati'로 불리는 시바Siva 신의 고대 원형적인 모습으로 추정됩니다. 이러한 발견들로 미루어 이 문명의 담지자들이 종교를 가지고 있었고 요가가 이들의 정신문화적 계발에 깊은 영향력을 미치고 있었을 것으로 짐작할 수 있습니다.

이 문명의 주인공은 검은 피부의 드라비다족Dravidian으로, 인류학자들은 이들에 의해 일구어진 문명이 자연 재해와 유목 부족인 인도-아리안족Indo-Arian의 침입 때문에 멸망한 것으로 보고 있습니다. 인도의 종교철학, 문화, 역사적인 가치관을 아우르는 대표적인 대서사시 '라마야나Ramayana'는 이러한 침입의 역사를 정당화시키기 위한 아리안족의 노력이 엿보이는 문헌이라고 할 수 있습니다. 그러한 사료를 바탕으로 살펴볼 때 제사 의례를 중시한 점이나 4성 제도Caste 등의 확립 역시도 기존의 정착민들에 대한 우위 확보의 방편으로 고안된 것으로 보고 있습니다.

그러나 이들 베다Veda의 전승자들은 선주민들의 문화를 철저히 배제하고 파괴함으로써가 아니라 오히려 이 문명이 길러온 유산을 흡수하는 방식으로 이 광대한 땅에 정착하게 됩니다. 한편에서는 현재까지도 거의 변화 없이 이어져 내려오고 있는 이들 문화의 면면이 토착 문화와 비교하여 전혀 이질적인 것이 아니라는 점을 들어 '침입'은 없었다는 주장이 제기되기도 합니다.

요가Yoga는 잊혀진 옛날의 신화가 아닙니다.
그것은 과거로부터 현재와 연결된 귀중한 유산이며, 오늘날의 우리 모두에게 필요한 선인들의 애정어린 선물이자 미래로 이어지는 문화입니다.
— 스와미 사트야난다 사라스와티 Swami Satyananda Saraswati

어떤 견지에서든 중요한 것은, 인도라는 거대한 용광로의 불은 결코 꺼진 적이 없었다는 점입니다. 종교의 불도 그대로 타올라 현재 힌두교의 신들은 토착민들의 신들이 지닌 속성들이 고스란히 통합되어 형성된

것으로 볼 수 있습니다. 따라서 요가의 자
세를 취하고 있는 이름을 알 수 없는 신의
형상도 시바Siva 신의 다양한 모습 중의 하
나로 해석되어, 시바 신을 요가를 제시한
최초의 안내자로 보는 신화적 전통이 확립
되기에 이르렀습니다. 현재까지도 시바 신
은 위대한 요가 수행자 마하요기Mahayogi
로, 히말라야의 카일라사Kailasa 산에서 명

상을 하는 모습으로 그려져 요가 수행자의 스승으로 추앙받고 있습니
다. 이렇듯 요가는 고대로부터 흡수되고 발전되어온 위대한 유산 중의
하나로, 어쩌면 '살아 있는 화석' 이라고도 말할 수 있을 것입니다.

인간을 본능과 현재적 사실 이외의 다른 지혜의 차원으로 이끄는 힘
인 종교성은 세계의 모든 지역에서 나타나는 공통적인 현상입니다. 종
교성의 개념은 여러 가지 이름을 가진 종교에 대한 태도로만 해석할 수
는 없습니다. 인류는 세대를 거듭하여 진화하면서 그 실존은 마치 사지
가 절단된 듯 그 원초적인 통일감과 충만함을 잃어버렸습니다. 그러나
이 근본적인 상실에도 불구하고 우리의 본성은 끊임없이 일치감을 회복
하고자 하는 열망을 품고 있습니다. 이미 잘려나간 신체 부위가 여전히
붙어 있는 듯 통증이 느껴지는 것과도 유사합니다. 이렇듯 실존적 한계
를 벗어나 우주적인 차원의 통일성을 회복하기 위한 모든 활동들은 완
전함을 얻고자 하는 종교성으로 볼 수 있을 것입니다. 특히 인도에서는,
신神의 은총을 기다리는 식의 수동적인 태도가 아니라 스스로 신의 경
지에 다가가는 능동적인 구도의 방법으로 나름의 독특한 수행체계를 이
루어왔고, 이를 여러 방식으로 후세에 전하고 있습니다.

경전을 통하여 전해지는 구도의 길은 요가라는 수행법으로 구체화되
거나 비유적 또는 상징적인 언어로 비밀스럽게 봉인되어 그 진정한 의

미를 알 수 없는 경우가 많습니다. 눈에 드러나지 않는 경험이지만 소리를 통한 전달체계인 주문이나 독송Mantra, 상징적인 도안Yantra으로 표현되기도 합니다. 이러한 흔적들은 '지혜를 넓힌다'의 의미인 탄트라Tantra에서 하나로 체계화됩니다.

요가의 정신적 배경

요가의 어원과 의미에 대한 역사적 근거는 인더스 문명에서 보이는 종교적 의례와 수행자세의 조각상 등에 의거한 인류학자들의 가정과 유추를 바탕으로 하지만, 후대에 쓰인 베다서Vedas에서도 그 자취를 찾아볼 수 있습니다. 베다의 시구詩句들은 깊은 명상과 선정Samadhi에 든 현자들Rishis의 신심神心이 담긴 경구이며, 초월의 세계를 그려낸 성스러운 기록입니다. 그들이 실천방법에 관한 구체적인 자료를 남긴 것은 아니지만 그 상징의 해석을 통하여 요가의 기원과 지혜를 확장하는 방편으로써 인간의 육체와 관련된 고대 탄트라Tantra를 연구해 볼 수 있습니다.

요가Yoga라는 용어가 이미 베다Veda에 나타나 있긴 하지만, 그 명확한 형태는 베단타Vedanta, 즉 베다의 정수로서 그 본질을 설하고 있는 우파니샤드Upanisad에서 다양한 비유와 예로 언급됩니다. 베다시대 이래 지나치게 형식에 치중하는 당대 종교 관행에 대한 비판이자 정신세계에 대한 치열한 모색의 결과가 바로 이 우파니샤드로, 그 뜻은 '가까이 아래로 내려앉다', 즉 제자가 스승에 아주 가까이 앉아 전수받는 지식을 의미합니다. 우파니샤드는 종교 자체에 귀의하는 것만으로는 해탈에 이를 수 없음을 설명하고, 개별자아가 이에 도달하기 위해 어떤 노력을 기울여야 하는지를 생생하게 전달하는 가르침의 결정체라고 할 수 있습니다. 실제로 요가의 심오한 핵심이 이 속에 다 녹아들어 있다 해도 과언이 아닐 정도로 우파니샤드가 전하는 가르침은 늘 가까이 두고 경청할 스승의 안내와도 같습니다.

이렇듯 인도의 정신은 단지 정해진 신에 편안하게 귀의하는 방식으로서가 아니라 끊임없는 내적 성찰과 열정, 수행으로 인간의 굴레를 벗어나고, 때로는 신의 영역까지도 포함하는 진화의 흔적이라 볼 수 있습니다. 요가 역시도 당대에 홍수를 이룰 만치 넘쳐나던 수많은 철학적·실천적 노력들과 상호침투하고 융합하는 과정을 통해 발전되어 왔습니다. 이후 여러 경전에 언급된 요가의 포괄적인 개념들이 파탄잘리Patanjali에 의해 집대성되어 독창적인 체계를 이루게 됩니다.

최고의 단계段階에 도달한 요가 수행자는 해탈의 계단 Mukthi-sopana에 의해 항상 진아眞我를 유지하여 진리의 불꽃으로 우거진 숲 속의 어느 곳에도 편재遍在한다.
— 고락샤-샤타카 Goraksa-sataka

파탄잘리Patanjali의 요가-수트라Yoga-sutra는 여덟 개의 가지를 지닌 나무로 묘사되거나, 지고한 세계와 이어진 계단으로 표현됩니다. 그 단계별 특징은 자기절제의 길인 야마Yama와 니야마Niyama, 고정된 자세인 아사나Asana, 숨과 기운을 고르게 하는 프라나야마Pranayama, 외부로부터의 감각을 의식과 분리시키는 프라탸하라Pratyahara, 집중력의 극점 다라나Dharana, 대상과 하나가 된 명상의 세계인 댜나Dhyana 그리고 요가 수행의 최종 목표인 자연과 분리되지 않은 심경, 또는 초월의식인 사마디Samadhi입니다.

탄트라Tantra 요가

요가의 시조로 추앙받고 있는 시바Siva 신은 최고의식의 현현顯現 또는 상징으로, 깨달음을 얻기 위해 구도의 길을 걷는 수행자들의 안내자이자 목표이며 내적으로는 정적靜的인 실체를 의미합니다. 정적인 시바의 상대성을 나타내는 요소는 배우자인 파르바티Parvati로, 시바 신으로부터 요가의 교의를 전수받은 최초의 제자이면서 동시에 시바의 정적인 면과 대극을 이루는 동적動的인 요소를 표상합니다. 그녀는 요가 수행자를 지고한 세계로 인도하는 동력으로서 행위와 창조성을 담당하고 온 우주의 모성母性으로서 존재합니다.

또한 파르바티Parvati는 소우주인 인간의 육체에서 요가 수행자의 노력에 의해 깨어나기 전까지 잠들어 있는 우주적 기운으로 샥티Sakti 또는 쿤달리니Kundalini라고 불립니다. 의식인 시바는 역동성의 근원인 샥티로부터 분리될 수 없기에 요가 수행자는 내재한 지고의 의식 시바와 동적 힘인 샥티의 합일을 시도합니다. 이러한 과정에 있는 수행자의 의식은 한계 없는 변화와 발전을 거듭하여 완전성을 이루어 갑니다. 이렇듯 온 우주에 편재하는 변화의 원동력인 샥티는 이름과 형태를 구별하지 않고 연민과 사랑으로 인간 존재의 영적인 진화를 이끌어주는 존재로 설명되고 있습니다.

요가의 수행을 통해 육체와 의식이 하나 됨을 경험한 존재는 이 은총으로써 육체라는 한계를 넘어 지고한 차원에 도달할 수 있습니다. 이는 윤회의 업으로부터 완전히 벗어나는 해방이자 요가 수행자의 목표입니다. 이러한 해방의 비밀이 암시되어 있는 것이 바로 탄트라Tantra 경전으로, 요가의 기술記述은 이 경전으로부터 비롯됩니다.

탄트라는 '확장' 을 뜻하는 '타노티Tanoti' 와 '해방' 을 뜻하는 '트라야티Trayati' 가 합해진 단어로, 의식을 모으고 확장하여 마침내 주어진 한계로부터 벗어나는 것을 의미합니다. 인연들에 얽히고 습관적인 일상에 갇힌 존재의 굴레를 벗고 평화와 자유를 향해 다가가기 위한 지혜가 바로 탄트라인 것입니다. 탄트라 경전이 첫 번째로 전하는 것은 자기 몸과 마음의 상태를 알아내고 한계성으로부터 벗어나기를 강조하고 있습니다. 이는 고정된 틀을 부수고 자유로운 의식과 기운을 확장하여 보다 높은 실체를 경험하기 위한 실천적인 방법들을 깨우치라는 것을 의미합니다.

요가의 과학은 어느 시대와 공간에서든 뛰어난 성취를 이룬 현자들의 경험과 지혜를 바탕으로 전수되고 서서히 발전해 왔습니다. 요가의 전통은 지고한 정신세계를 경험하며 대자연과의 합일을 시도했던 현자들이 후대에 전한 고귀하고 애정 가득한 선물입니다. 그러나 그 심오한 의미는 오래전부터 비밀스럽게 감추어지거나 해독하기 어려운 상징으로 함축되었고, 여러 언어들에 의해 유사한 의미로 설명되기도 합니다. 그

기법들 역시도 대중적으로 공개된 예가 드물었고, 또한 스승의 말과 행위를 준비된 제자에게만 전한다는 전통이 있습니다. 즉, 삶의 진정한 의미를 찾고자 노력하는 목표의식이 확고한 이들만이 이러한 지혜를 받아들일 수 있도록 제한한 것입니다. 이렇게, 깊은 내면세계를 경험한 요가 수행자들과 현자들은 요가라는 길을 따라 자기 내면의 신성을 발현시키고자 하는 이들에게만 그 세계를 말로써 또는 침묵으로써 안내했던 것입니다.

악행을 포기하지 않고는,
감각을 절제하지 않고는,
그 마음에 부는 바람을 잠재우지 않고는,
명상을 실습하지 않고는,
결코 '참 나Atman'를 깨달을 수 없다.
지식에 의해서는결코 '참 나Atman'를 깨달을 수 없다 .

해탈解脫은 하늘 꼭대기에 있지 않으며,
땅 속 깊이에도 있지 않으며,
땅 위 어디에 있지도 않다.
그것은 온갖 욕망을 가진 마음이 소멸된 것이다.
— 카타우파니샤드 Katha-Upanishad

생로병사生老病死의 숙명에서 자유롭지 못한 인간의 조건 속에서 삶은 기쁨보다는 고통이 더 많고, 그 과정은 어떤 단계에 대한 다다름이라기보다는 소모되어가는 것으로 여겨질 수 있습니다. 그리하여 한편으로는 과학이나 의학에 의지하기도 하고 또 한편으로는 종교에 의지함으로써 막연한 두려움을 극복하고자 하였습니다. 다양한 방법이 있겠으나, 홀로 가는 인생길에서 마음의 평화를 찾는 것은 역시 스스로의 노력으로 가능합니다. 요가적 명상은 현실세계에 드리워진 안개 속을 헤매고 신기루를 좇는 고통으로부터 벗어나 진실한 실체를 알아가는 방법입니다. 그러나 산란한 마음을 고요하게 하여 무지로부터 벗어나기 위해 꾸준히 명상하되, 육체적 조건을 무시한 채 지식만을 위한 지적 명상에 치중하지 말 것을 탄트라는 권고하기도 합니다. 요가의 명상은 육체라는 껍데기를 벗어던지는 것이 아니라 오히려 삶을 아름답고 빛나는 보석으로 바꾸는 정신의 연금술이라 할 것입니다.

최고의 실재인 시바Siva가 무한한 다양성 속에 가려서 자신을 드러내지 않고 자신의 견고한 유일성 안에 계속 남아 있다면, 그것은 최고의 힘도 최고의 의식도 아니고 단지 밀봉된 항아리 같은 어떤 것일 뿐이다.
— 아비나바굽타 탄트랄로카A bhinavagupta Tantraloka

고전요가의 역사

앞서 요가의 기원에서 잠깐 살펴본 바와 같이, 인더스 문명 선주민들의 문화와 종교는 베다 의례를 수행하는 인도-아리안족에 흡수되어 오늘에 이르게 되었습니다. 네 개의 베다서 리그 베다Rig-Veda, 사마 베다Sama-Veda, 야유르 베다Yajur-Veda, 아타르바 베다Atharva-Veda를 축으로 삼아 이룩해온 이들의 정신세계와 가치관은 대서사시 '마하바라타Mahabharata'에 잘 묘사되어 있습니다. 그러나 의례를 집전하는 사제계급의 기득권 유지를 위한 특권화 경향에 따라 인도 고대종교는 점차 형식 위주로 변질되었습니다.

이에 대한 통렬한 비판으로 나온 것이 바로 우파니샤드Upanisad로, 제식 위주의 종교관행에 대한 꼬집음은 나치케타Naciketa의 우화寓話에 잘 드러나 있습니다. 자신의 아버지가 제례에 늙고 말라빠진 소를 공물로 바치는 것을 본 어린 소년 나치케타는 "아버지, 그럼 저는 누구에게 바칠 건가요?" 하고 묻습니다. 몇 번이고 똑같은 질문을 하자 아버지는 화가 나서 "죽음에게 주어버리겠다"고 말합니다. 어린 나치케타는 '아버지께서 아들인 나를 바쳐서라도 죽음의 신에게 올리려는 제례는 무엇이며, 그렇게 해서 아버지가 이룰 수 있는 일은 무엇일까?' 하는 의문을 갖게 되고, 결국 스스로 죽음의 신Yama(야마)을 찾아가게 됩니다. 이러한 순수한 희생과 지혜를 추구하는 열정에 의해 소년은 마침내 죽음과 해탈의 비밀을 깨우치게 된다는 내용입니다.

참나무의 작은 씨앗 하나를 쪼개 열었을 때,
그 안에는 우리가 주목할 가치가 있는 것이 아무것도 없는 것처럼 보인다.
그러나 그 씨앗의 미세한 배院 안에는 커다란 참나무가 담겨 있는 것이다.
— 문다카 우파니샤드 Mundaka Upanishad

개별 자아Atman와 우주적 자아Brahman가 결코 다른 것이 아님을 역설하는 '불이이원론不異二元論'이 바로 우파니샤드로 대변되는 베단타 Vedanta 철학의 관점이었습니다. 당대 6파 철학의 하나로서 큰 갈래를 이루었던 요가학파는 우파니샤드와 존재에 관한 치열한 탐색을 추구한 상키아Samkhya 철학이라는 이론적 기반 위에 특유의 실천수행법으로 발전하였습니다.

한편 기원전 6세기 경, 붓다Buddha의 출현은 인도 전역에 새로운 명상법을 대중들에게 제시하였습니다. 그동안 신神들을 향한 제의祭儀와 영적 세계를 주도해온 사제계급은 수행에 관한 사유와 전수방향을 바꾸어야 할 필요성을 인식하게 됩니다. 당시의 대중들에게 지대한 영향을 끼친 불교는 고정된 운명론이나 신분제도에 따른 불합리함을 비판하며 개인의 노력에 의하여 현재와 미래가 바뀔 수 있다고 강조하였습니다. 붓다 입멸 후 불교는 소승 불교와 대승 불교로 나누어져 각기 특징적으로 발전하게 됩니다. 특히 속세의 삶Samsara이 곧 열반Nirvana임을 주장한 대승 불교의 관점은 이후 탄트리즘Tantrism의 확산에도 큰 영향을 미쳤습니다.

깨달음의 추구는 속세로부터 벗어나거나 본연의 충동을 지우려는 것이라기보다는 저급한 차원의 실재를 보다 높은 차원으로 이끌어 가는 데있다고 보는 불교의 가르침은 자아와 초월적 자아, 육체와 정신적 실재의 통합에 역점을 두는 탄트라Tantra의 교의와 많은 점에서 일치합니다.

나는 일치를 찾았네.
진정으로 일치된 나의 영혼과 일치되었네.
나의 눈과 나의 귀와 일치되었네.
나의 숨소리와 일치되었네.
안과 밖 모두, 나의 계속되는 흐름과 일치되었네.
일치된 나는 진정으로 자아라는 전체와 떨어져 있지 않네.
— 아타르바 베다 Atharva Veda

천국과 지옥의 결혼이라고 비유할 만큼 놀랄만한 대극성의 통합으로나타나는 탄트라적 가르침은 특히 제도의 하층부와 신분제도의 테두리밖에서 살아가는 수많은 대중들의 열렬한 호응을 받게 됩니다. 특히 형이상학에 치우친 당대의 이론적 논의들에 대한 변증법적인 응답이 바로탄트라였다고도 할 수 있습니다. 깨달음의 차원에 다다르기 위해 육체의 정화와 단련에 역점을 둔 하타-요가Hatha-yoga의 발전도 탄트라의 가르침을 흡수한 결과라 하겠습니다. 이렇듯 요가는 여러 갈래의 힌두철학들과 불교 또는 자이나교, 탄트리즘 등의 시대정신들이 무시간적이고초월적인 경지를 찾고자 하는 다양한 수행법들과 결합하여 이루어졌습니다.

대략 10세기 중반 경에 활동한 것으로 추정되는 네팔의 수호성인이자위대한 요기Yogi인 마첸드라나트Matsyendranath는 명상을 위한 준비로서육체의 정화와 잘못 굳어진 자세들의 균형을 위한 자세Asana의 필요성을주장하였습니다. 마첸드라사나Matsyendrasana는 요가 안내자로서의 그에게 헌정된 자세의 이름입니다. 그의 수제자로 알려진 고락나트Goraknath

는 북인도 언어와 힌디Hindi로 하타-요가에 관한 책을 저술하였습니다.

인도의 전통적 교전敎典들은 대부분 범어梵語 : Sanskrit로 기록되어 있어 소수의 학자들만이 이를 해독할 수 있었습니다. 따라서 이러한 상징들에 익숙하지 않은 대다수의 사람에게는 널리 알려질 수가 없었습니다. 이러한 배경에서 나온 것이 바로 '하타-요가의 빛을 밝힌다' 는 의미의 하타요가-프라디피카Hathayoga-Pradipika입니다. 이는 스와미 스와트마라마Swami. Swatmarama가 당시의 언어Sanskrit로 기록된 요가의 여러 실행법Sadhana을 총망라하여 정리한 하타-요가의 주요 경전입니다. 이 경전에 따르면, 요가 수행자는 육체를 알고 다스리는 것으로부터 시작하여 그 이후에 마음이 보다 안정될 수 있도록 스스로 통제하고 연습하는 과정을 겪어야 한다고 제언하고, 이 실천이 선행되었을 때 자기 절제는 어렵지 않게 된다고 설명합니다.

젊은이, 성인, 노인이나, 병들고 허약한 이들 누구나 요가수행을 성실하게 하면
완전한 성취에 이를 수 있다. 완전한 성취는 실천하는 수행修行에서 나온다.
수행하지 않는 사람이 어떻게 성공을 얻을 수 있을 것인가?
단지 요가의 교전敎典을 읽는 것만으로는 요가의 완전한 성취에 이를 수 없다.
요가 수행자의 옷을 입고 요가에 관한 토론討論만으로는 요가의 성취를 이루지 못한다.
오직 실천하는 요가의 수행만이 완전한 성취Siddhi에 이르게 한다.
이것은 의심의 여지가 없는 진리이다.
— 하타요가-프라디피카 Hathayoga-pradipika 1/64~66

시간이 흐르면서 각자의 지향하는 견해나 관점의 차이에 따른 여러 요가학파가 있었지만, 자기완성과 자아실현에 다다른다는 궁극의 목표에 있어서는 일치하고 있습니다.

요가의 현대적 의미

전통 요가의 현대적 의미

21세기를 살아가는 이들이 다가오는 미래를 준비하는 시점에서도 전통 요가는 위대한 정신적 유산으로 잊혀지지 않고 이어지며 새롭게 조명되고 있습니다. 대부분의 사람들은 일상생활 속에서 끊임없는 긴장의 연속을 경험하게 되고, 알 수 없는 미래에 대한 두려움 등으로 고통을 겪습니다. 또는 어떤 의식이나 밖으로 표현되는 말과 행위로 인해 감정과 육체의 관계에서 조절하는 법을 잃어가고 있습니다. 긴장으로부터 벗어나는 것은 기계문명 시대에서 하루하루를 시간과 다투듯 살아가는 현대인들에게 있어 매우 중요한 일입니다.

요가 자세Yogasana의 실행은 책상과 의자에서 생활하는 시간이 많아짐에 따라 축적된 육체적 피로를 해소시켜 줍니다. 육체의 비틀림을 바로잡고 정신적인 공허와 혼란을 다스리는 요가의 역할은 개인의 건강에 대해서만 그 효능이 한정되지 않습니다. 요가를 통하여 육체가 튼튼해지고 심신이 조화를 이루어 자기 존재에 대한 감사의 마음을 느끼게 될 때, 사회 역시도 건강하게 될 것입니다. 삶을 영위하면서 나날이 가중되는 불안감을 지울 수 있는 실제적인 도구와 방편까지 요가의 원리가 제시하고 있습니다.

기도氣道가 청정하게 정화淨化되었을 때 요기Yogi의 육체는 몇 가지의 표시가 나타난다.
다음과 같은 표시가 요기Yogi의 신체에 반드시 생긴다.
그것은 균형이 잡힌 바른 몸에서의 향기로운 체취이며, 얼굴의 밝고 해맑은 자태姿態와,
왕성하고 좋은 소화력, 상쾌함, 온몸의 아름다움, 크고 강인한 힘과 용기, 과감한 기상氣象 등이다.
— 시바-상히타 Siva-samhita 3/30~32

요가를 수행하는 이의 가장 중요한 주제와 목표를 정신적 각성이나
육체적 균형감의 성취 등 그 어느 것에 둔다 해도, 요가 수행은 의도에
관계없이 모든 사람에게 유익합니다. 요가는 현대 의학으로 미처 해결
하지 못하고 있는 천식, 당뇨병, 혈압, 관절염, 소화기 계통의 질병 등
만성적 질환들과 자연성을 잃어 생기는 심리적 공허와 우울증까지도 치
료할 수 있는 대안으로 주목받고 있습니다. 현대의학과 과학자들에 의
하면, 요가 치료는 육체의 외부적 조건과 내부적 환경에 직접적인 자극
을 주고 또한 명상을 통하여 신경계의 안정과 내분비계의 균형을 이루
게 하여 모든 계통과 기관들이 조화를 이룰 수 있게 한다고 말합니다.

수행의 의지가 견고하여 세속의 명리와 손잡
지 않고 자기 존재에 대한 답을 찾으려는 이들에
게까지 요가는 세상을 벗어나 산 속에서 길을 찾
으라고 권하는 것은 아닙니다. 전통요가를 학습
하며 그 의미를 이해하고 실천하는 것은 요가의
길을 걸었던 스승들, 선배 수행자들이 인류에게
연민으로 남겨준 소중한 경험의 흔적들을 찾고

자 하는 것입니다. 그리하여 현재의 삶에서 길을 찾는 사람에게 있어 과
거의 지혜와 만나고 평화를 찾아가는 방법을 공유하는 실천적인 수행체
계가 바로 전통요가입니다.

요가를 단순히 신체의 단련으로 보는 관점에서 한걸음 더 나아가보
면, 요가를 통한 외부와 내면세계의 조화가 현실의 삶에서 부족함을 채

우는 자양분이 됨을 알 수 있을 것입니다. 인생길은 지식으로써가 아니라 오직 실천하는 경험을 통해서, 지금 현재 길을 가는 발걸음을 통해서 느끼고 알 수 있을 것이기 때문입니다. 자기 안에서 일어나는 변화를 외부세계에까지 확장하는 것, 이것이 현대에서 만나는 전통요가의 의미입니다.

네가 걷고 있는 것은 길이 아니다. 그것은 너의 발걸음이다.
— 바차야나 Vatsyayana

요가 자세 수행의 단계

　요가 수행의 단계가 처음부터 정해져 있는 것은 아닙니다. 요가 자세를 단순히 동작의 쉽고 어려움에 따라 구분하는 것은 각 자세들이 지닌 의미들을 신체 활용의 측면에서만 파악하는 것입니다. 요가가 일반운동과 다른 점은 개인마다 다른 몸의 특성을 파악하여 서서히 신체를 길들이는 데 있다 하겠습니다.

　신진대사를 느리게 하여 산소와 기운의 소모를 줄이는 요가자세들은 몸의 바깥쪽보다는 오히려 안쪽을 단련하는 것입니다. 실제로 몸을 움직이는 것은 겉으로 드러난 근육과 골격이 아니라 보이지 않는 내부 기관들의 기능입니다. 인체 내부의 장기들과 신경계, 내분비계 등이 원활히 작동될 때라야 몸 전체의 기능이 제대로 이루어질 수 있습니다. 그러므로 하나하나의 요가자세들은 자칫 소홀하기 쉬운 몸의 구석구석을 제 위치에 자리 잡게 한다는 마음가짐으로 실행해야 합니다. 요가 수행의 단계를 구분하고 이에 따라 각 자세들을 충분히 실행할 것을 권하는 것도 바로 이런 이유 때문입니다.

　초급자는 요가 수련을 처음 접하거나, 체력이 약하고 질병이 있어 어려운 자세를 하기에 무리가 있는 이들을 말합니다. 이 과정에서는 안정된 자세에서 깊은 명상에 이르는 상급과정을 준비하는 간단한 동작들을 위주로 자세를 구성합니다. 그러나 이 단계의 수행이 상급의 요가자세보다 하위에 있다는 의미는 아니며, 개인의 상태에 맞춰 기본체력을 향상시키는 매우 유용한 자세의 묶음일 뿐입니다.

초급 과정에서는 주로 사지의 관절과 그 부위에 부착된 근육들을 이완하여 전신의 긴장감을 풀어주는 실행들로 일반인들이 어렵지 않게 접근할 수 있는 자세로써 몸의 활력과 탄력을 되찾고 비틀림과 치우침을 개선하여 명상을 위한 바른 몸 상태를 갖추게 되는 것입니다.

중급의 과정은 사지 관절 뿐 아니라 허리와 목으로 연결된 척주를 앞뒤로 굽히고 뒤로 젖혀주며, 비틀거나 거꾸로 세워 몸을 조절하는 능력을 키우게 됩니다. 이 과정의 자세Asanas는 신체에 무리한 자극이 되지 않는 범위에서 충분한 긴장과 수축이 행해져야 됩니다. 자세를 완성시키는 동안, 의식 집중과 호흡이 일치하는 경험을 할 수 있도록 구성하였으며, 초급과정을 수행할 수 있는 능력을 가진 이들에게 적용됩니다.

상급의 과정은 관절과 근육을 포함하여 육체적인 균형과 집중력이 높아진 수행자들에게 적합합니다. 몸을 순환하는 미세한 흐름까지도 인지하여 기혈氣血이 고르게 유통되도록 하며, 육체에서 비롯된 어떤 불편함도 없는 상태에서 몸과 의식이 조화를 이루어가는 과정입니다. 이 과정의 자세들은 겉으로 보았을 때 움직임의 차이를 구분할 수 없을 만치 느릿하게 진행됩니다. 시간마저도 잊은 듯 느릿하게 진행되는 자세들을 통해 미묘하면서도 강하게 솟아오르는 기운과 감정의 영역을 경험하는 것이 이 단계의 특징입니다. 상급 과정의 수행은 풍부한 요가 지식과 경험을 가진 스승의 안내와 지도에 따라 익히도록 합니다.

요가의 수행은 정확한 자세를 취하는 과정에서 마음은 편안해지고 내분비계, 소화기계통은 자율신경에 의해 적절하게 조율됩니다. 신체적 조건에 맞는 자세를 우선 수련하여 균형감을 찾고 유연성을 회복하면 더 발전된 자세를 시도할 수 있습니다. 이러한 과정을 생략한 채 자신에게 무리가 되는 어려운 자세를 성급하게 시도하지 않아야 합니다.

요가의 실천법들Sadhanas

어떤 이유에서인지 현재 서양은 물론 인도에서조차도 정신적인 깨달음의 성취를 요가의 궁극적인 목표로 인식하지 않고 있습니다. 미용체조법으로 또는 신체를 돋보이게 하는 방법으로 하타-요가Hatha-Yoga를 이용하며, 오히려 명상을 위한 라자-요가Raja-yoga를 설명하는 서적이나 안내자는 좀처럼 만나기 어렵습니다. 시대 풍조에 따른 결과라고는 하지만 그 때문에 가장 중요한 요가의 본질이 망각되지는 말아야 할 것입니다.

하타-요가는 의심의 여지없이 육체의 불균형을 개선하고 민감한 내부 기관까지도 제어할 수 있는 매우 과학적인 방법입니다. 육체적인 건강은 요가 수행자가 자신의 수행을 완성하기 위해 매우 필수적이고 중요한 요소입니다. 하지만 정교한 신체 단련법들이 개발되기 이전에 사람들은 질병의 치유를 신神에게 기원하고 그 은총에 무조건적으로 의존했습니다.

요가 수행자들은 점차 신에 대한 무조건적인 의존에서 벗어나 스스로 질병에 대처하고 면역능력을 키우기 위해 다양한 신체 정화의 방법들을 계발했습니다. 그 적극적인 방편으로 호흡법Pranayama과 정화법Shat-kriyas, 육체적인 체위법Asanas들을 포함한 신체 수련 전반에 관한 체계들이 형성되었습니다. 신체 수련에 의해 수행자는 자신의 육체와 의지를 조절할 수 있게 되어 질병으로부터 자유롭고 깊은 내면의 세계를 탐험할 수 있었습니다.

몸이라는 이 사원을 어둡게 하지 말라.
이 사원의 모든 방마다 환하게 지혜의 불을 밝혀야 한다.
거기에서 영원한 어머니를 만나야 한다.
스와미 비베카난다 Swami Vivekananda

전통요가의 수행과정은 세 단계로 구성되어 있습니다.

그 세 단계는

도덕적 향상,

요가 수련을 통한 신체의 단련,

요가의 지혜가 드러나게 하기 위한 지속적인 정신집중입니다.

그리고 마지막 단계에 이르렀을 때 존재의 실상實相에 관한 지혜를 얻게 된다고 설명하고 있습니다.

도덕적인 향상은 사회성원으로서의 의무와 책임을 다하기 위하여 사사로운 욕망을 절제하고 자기를 정화하는 과정에서 얻어집니다. 신체의 단련이란 단순히 몸을 보기 좋게 만드는 것만을 의미하는 것이 아니라 척추를 비롯한 내부기관 등 신체 전반의 기능을 향상시키는 것을 말합니다. 여러 가지 방법의 요가 자세 실행은 근·골격과 관절, 인대의 유연성에 영향을 주어 육체적 안녕을 도모합니다. 자신의 몸에 대한 이해와 안정으로부터 정신집중을 이루고, 이를 통해 내면의 깊은 곳에 도달하여 존재의 본질을 깨우치려는 시도가 요가의 체계적인 수행입니다.

요가의 여러 가지 호흡을 통한 기운조절법인 프라나야마  Pranayama는 무의식적으로 마시고 내쉬는 호흡을 자신의 의지대로 조절하여 집중력과 마음의 평안을 얻기 위한 방법입니다. 반다Bandha와 무드라Mudra는 강한 집중력으로 신체 내부의 장기와 내분비계, 불수의근까지 조절하여 자신이 의도하는대로 기운을 확장하거나 개선시키는 것입니다.

육체를 깨끗하게 하는 정화법Shat-kiya은 호흡기 및 소화와 배설에 관여하는 기관과 근육을 조절하는 것을 말합니다. 몸을 정화하는 과정에서 간단한 도구들을 사용하기도 하는데, 이렇게 몸속의 물질들을 철저히 비움으로써 정신을 더럽히는 요소들까지도 비워낸다는 목적을 가집니다. 이상 언급한 것들은 바른 행동과 절제된 생활을 위한 요가 수행자의 실천법들Sadhanas로, 늘 강조하듯 정확한 이해와 방법을 바탕으로 한 지속적인 반복수행이 요구됩니다.

요가의 목적은 육체적 균형과 내면의 의식을 조절하여 가장 심층에 존재하는 신성을 발현하려는 시도입니다.
신성을 향한 예배의식과 마음의 안정, 철학과 명상 등은 진정한 자유를 찾는 적극적인 노력이며, 이는 완전한 종교입니다.
이와 관련하여 제시되는 수많은 학설과 교리들, 교전들과 사원의 의식들은 다만, 보조적인 형식에 불과합니다.
— 스와미 비베카난다 Swami Vivekananda

수행자를 위한 제언

요가 수행자를 위한 제언

 요가 자세는 누구나 할 수 있는 동작이지만 자세Asana 에 대한 올바른 의미를 이해하고 정확한 방법으로 실행 했을 때에만 분명한 효과를 얻을 수 있습니다. 요가의 자세는 인간의 신체에 매우 깊은 영향을 미치며, 여러 가지 무질서들을 바로잡고 건강 유지에 적합한 환경을 만드는 중요한 실천 수단이 됩니다.

때때로 어려운 요가 자세들도 있지만, 어떤 자세에 자신의 신체를 대입하더라도 자세와 신체적 조건이 별 개가 아니라는 것을 자연스럽게 확인할 수 있는 방식으로 수행되어야 합니다. 그렇게 되기 위해서는 성급한 마음을 버리고 자세의 완성을 위해 무리하지 않으며, 서서히 신체의 변화를 느끼면서 적응하도록 해야 합니다.

어려운 자세를 불완전하게 실행하는 것 보다는 쉬운 자세부터 완전하게 익히는 것이 좋습니다. 따라서 처음부터 무리한 자세를 수련하지 않고 이 책에서 분류한 대로 초급, 중급, 상급의 과정에 따라 자신의 상태와 조건을 맞추어보고 적응해가는 수련을 권합니다.

요가 수행의 진행은 경험을 가진 달인達人과 수행자의 안내를 통해서 발전될 수 있기 때문에 그들의 조언에 귀 기울여야 합니다. 고전의 요가 경전에 명시되어 있는 자세에 대한 정의, 즉 "자세는 편안하고 쾌적해야 한다.(P.Y.S 2장 46절)"의 의미를 되새겨 볼 수 있습니다. 처음에 자세Asana

소금 덩어리가 물 속에 넣어져 그 물 속에서 소금이 녹아 버릴 때,
우리는 어디서 그 소금의 형태를 찾아 볼 수 있겠는가.
물과 소금이 하나가 되듯 삶과 죽음도 하나이다.
그리고 이 하나야말로 아트만Atman이며, 그 본성은 영원한 것이다.
아트만Atman은 인식될 수 있는 것인가?
"아니다! 아니다!Neti Neti!" 그것은 인식될 수 없는 것이다.
오직 일치만이 있을 뿐이다.
그리고 이 일치의 상태에서 누가 누구를 보고 들으며,
맛보고 냄새 맡으며, 말하고 생각하며, 만지고 인식한단 말인가?
모든 만물이 본래 일체임을 깨달은 사람은 불멸의 경지에 이를지니.
— 브리하드-아란야카 우파니샤드 Brihad-aranyaka Upanishad

란 좌법坐法을 의미하였으나, 이는 그저 앉아 있는 자세를 의미하는 것은 아닙니다. 그보다는 명상을 위해 '앉아 있을 수 있기 위한' 방법으로 보아야 할 것입니다. 즉, 집중을 통해 자신의 내면을 성찰하고 육체에서 일어나는 흐름과 정신작용을 숨결에 통합하여 고정하는 일련의 과정이 하나의 자세에 녹아들게 하려는 시도라고 볼 수 있는 것입니다.

고른 숨을 통하여 정신적 안정과 자세의 깊어짐을 경험하는 요가수련은 자연에서 자꾸만 멀어지는 현대인들에게 스스로 주체적 자아와 정체성을 찾는 귀중한 방편이 될 것입니다.

요가 자세는 자연스럽고 고른 숨으로 기운이 온 몸으로 흐르는 것을 느끼며 실행해야 하고, 그 과정에서의 신체적 자극 또한 자신의 상태에 맞추어 적절한 한계를 인식하면서 서서히 움직임의 범위를 확장해 나가야 합니다.

요가 자세의 수련은 첫째가 마음가짐이며, 두 번째는 의식을 집중하여 순서에 따라 자세들을 실행하고, 마침내 의식과 숨결 그리고 육체적 동작이 하나가 됨을 경험하는 것입니다. 정점에서의 멈춤은 몸만이 아니라 의식도 멈추어야 한다는 점을 기억하도록 합니다. 만약 요가자세의 실행으로 인한 효과만을 기대한다면 요가는 여타의 운동과 다를 바가 없을 것입니다.

　　요가수행은 수련을 행하는 매순간이 과정이자 결과입니다. 이를 위해
서는 수련을 하는 동안 단지 기계적으로 몸만 움직일 것이 아니라, 끊임
없이 자신의 몸과 마음에 대한 인식의 주체로 깨어 있어야 합니다.

명상冥想을 하며 요가Yoga를 실천하는 사람은
그의 고유한 성품性品속에 숨겨진 신Deva의 고유한 힘을 보는 것이다.
— 스베타스바타라 우파니샤드 Svetasvatara Upanishad

요가 수련에 임하는 마음가짐

1. 간단한 기도나 명상을 통하여 차분하고 안정된 분위기에서 요가수련을 시작합니다.
2. 요가 자세의 실행은 단계별 원칙에 근거하여 진행되어야 합니다.
3. 요가 자세를 하는 데 있어 자세 이후에는 긴장이 풀리도록 충분한 이완의 시간을 가집니다.
4. 요가 자세는 아침과 저녁 식사 전 위장에 음식물이 없는 공복에 실행합니다.
5. 요가 수련에 적합한 옷은 간편하고 피부에 닿는 접촉면이 불편하지 않아야 합니다.
6. 여성들의 경우 월경 중에는 요가 자세를 하지 않습니다.
7. 요가 자세뿐만 아니라 실제 요가수행자나 성자들에 대한 이야기를 통해 그들의 삶에서 교훈을 얻도록 합니다.
8. 요가 자세는 카펫이나 쿠션매트 등의 깔개를 준비하여 실내나 실외, 어느 곳에서도 실행할 수 있습니다.

요가 자세 실행의 시간

    요가자세Asana의 수행은 언제나 식사 이전이나 이후의 두 시간 전후가 적당합니다. 해가 뜨기 전의 새벽과 해질 무렵은 가장 좋은 시간입니다.

    요가 전통에서는 특히, 동틀 무렵을 창조력이 극대화된 시기라는 뜻의 '브라흐마-무후르타Brahma-muhurta' 로 부릅니다. 이 시간의 대기는 안정되어 있고, 위와 장은 소화를 멈추었으며, 마음은 차분하고 의식은 서서히 깨어납니다. 전통적으로 이 시간이 수행하기에 가장 좋은 것으로 알려지고 있지만, 이른 새벽에는 근육이 풀려 있는 오후에 비하여 몸이 굳어 있기에 더 많은 육체적인 노력이 필요합니다.

모든 창조는 기쁨에서 솟아나오며,
기쁨에 의해 지속되며,
기쁨을 향해 나아가며,
그리고 기쁨으로 돌아간다.
— 문다카 우파니샤드 Mundaka Upanishad

요가 수행을 위한 환경

요가수련은 조용하고 통풍이 잘되는 실내나 고요한 자연 공간에서 실행하는 것이 좋습니다. 주변 환경이 어지럽거나 불결한 곳 또는 공기가 탁하고 바람이 강하거나 추운 곳에서는 하지 않도록 합니다. 물구나무서기Shirshasana와 같은 특별한 자세를 수련하는 동안에는 바닥에 부딪히는 물건이나 물과 불 등이 있는 주변 환경에 유의하여야 합니다. 부딪쳐 다치는 경우가 있고 집중에도 방해가 되기 때문입니다.

너무 덥거나 춥지 않는 한 냉풍기나 온풍기를 켜둔 채 수련하지 않도록 합니다. 안정된 요가 수련을 위해서는 딱딱하고 거친 바닥으로부터 올라오는 냉기를 차단하기 위해 적절한 깔개를 사용하는 것이 좋습니다. 그러나 중심을 잡기 힘들거나 척주를 바로 세우기 어려울 정도로 두껍고 탄력이 있는 깔개는 적합하지 못합니다.

느슨하고 가벼우며 편안한 의복 또한 요가 수련에 있어 중요한 조건이 됩니다. 가능한 매듭이 없고 허리와 가슴 또는 기타 어느 부위도 압박하지 않아 순환에 방해가 되지 않고 의식의 집중이 잘 이뤄지도록 하는 것이 좋습니다. 또한 수련 전에는 반드시 안경이나 시계, 목걸이, 귀걸이, 팔찌, 반지 등의 장신구를 벗어두어 자세의 실행에 방해되지 않도록 합니다. 수련 시작 전후의 가벼운 목욕은 여러 기관을 자극하여 혈행血行을 원활하게 하고 각 기능을 깨어나게 하는 효과가 있으며, 자세의 수련 동안 심신의 느낌을 맑고 경쾌하게 해줍니다.

음식조절

전통요가에서는 수행에 방해되는 음식물들을 규제하고 있습니다. 특히 감정을 자극하는 마늘과 부추, 양파 등에 대해서는 각별히 절제할 것을 강조하고 있고, 너무 딱딱하거나 뜨거운 음식도 좋지 않다고 말합니다. 담배나 커피, 술 등은 심신을 혼탁하게 하기 때문에 더욱이 삼가야 합니다. 비폭력과 불살생을 강조한 금계禁戒 : Yama에 따라 육식도 하지 않아야 하지만, 자연식과 채식이 더 나은 요가 수행에 도움이 될지라도 반드시 채식을 하라는 규정을 현대에서 지키기 어렵다 할 것입니다. 수행자가 어떤 음식이든 감사하는 마음으로 섭취함으로써 그의 몸에서 적절한 생기로 다시 태어나는 것으로 여긴다면 자연과 동화된 태도입니다.

요가적 식사법인 절식節食 : Mitahara은 위장의 4분의 1을 비워두는 것으로, 의지만 있다면 누구나 쉽게 행할 수 있습니다. 위장의 4분의 2는 음식물로, 4분의 1은 물로 채우되 남은 4분의 1은 시바Siva 신神의 자리라 하여 비워두기를 고전요가 경전에서는 권하고 있습니다. 이 비움의 상태가 위장에 여유를 주어 무겁거나 나태하지 않게 하며 활력을 주는 것입니다.

필요 이상으로 음식물을 섭취하는 것은 오히려 몸의 활력을 떨어뜨려 게을러지게 하고 만족을 모르는 '정신적 허기' 상태를 만듭니다. 이러한 이유로 음식물에 대한 절제 역시 수행이 되는 것입니다. 수행자가 음식

을 대하는 태도는 먹기 위해 사는 것이 아니라 살기 위해 최소량을 섭취
하는 것이 되어야 합니다. 그리고 요가 수행에 있어 머리를 혼탁하게 하
는 여러 가지 음식물은 피하는 것이 좋으며, 향신료나 감미료 및 가스를
생성시키는 음식물 등은 특별히 절제하고, 치료의 목적으로 전문가의
규정과 제한적 권고가 있는 음식은 주의하는 것이 건강을 돕는 지름길
임을 숙지해야 합니다.

요가의 성취를 원하는 수행자는 항상 '부단不斷한 수습에 의해서 반드시 시바Siva 신神과 동등한
존재가 될 수 있다' 는 신념信念을 가져야 한다. 이 지혜Jnana를 구하는 신념의 힘에 의해서 요기
Yogi는 소망을 이룰 것이다.
— 시바-상히타 Siva-samhita 5/68

요가 수련 과정에서 유의할 점

요가 자세 수련에 있어서 무엇보다 유의할 점은 무리를 하지 않도록 하는 것입니다. 초급 수련자들은 근육이 탄력적이지 못하여 수축과 이완의 자세를 취하는 데 고통이 따르기도 합니다. 이 경우 빠른 성과를 기대하여 필요 이상으로 자극을 주거나 도구를 이용한다든지 고통을 견디면서까지 무리하게 자세를 취하게 되면 오히려 육체의 균형을 깨뜨릴 수 있습니다. 몸을 굽히거나 펼수 없는 데는 그만한 이유가 있습니다. 자신의 몸 상태를 점검하는 것이 기본자세 수행의 목적인만큼 필요 이상으로 욕심을 부리지 않고 우선 가능한 자세들을 위주로 조금씩 반복하여 더 발전된 자세로 나아가도록 합니다.

요가 수련은 남녀노소 누구에게나 이롭지만, 그렇다고 연령이나 신체적 조건 등을 고려하지 않은 채 억지로 자세만을 만드는 것은 몸에 고통만 줄 뿐 오히려 좋지 않은 결과를 가져올 수도 있음을 유념해야 합니다. 따라서 척주의 굴신과 기울이고 비트는 모든 동작들을 수련자의 상태에 맞게 조정해야 합니다. 장기간에 걸쳐서 질병을 가진 환자들이나 특별한 상담이 필요한 사람들은 요가 지도자나 전문의사의 조언을 듣고 실행해야 합니다.

만약 자세를 수련할 때 신체의 특정 부위에 지속적으로 통증이 느껴지면 그 자세를 바로 풀도록 합니다. 무리하게 긴장상태에서 자세를 계속하게 되면 고통이 있는 부위에 문제가 생길 수도 있기 때문입니다. 대장에 가스가 있거나 흥분상태에 있는 경우나 임신 후기에는 도립倒立자세를 하지 않아야 하는데, 이는 혈압을 높이거나 암모니아 가스와 배출되지 못한 이산화탄소 등이 혈액에 녹아 두뇌를 혼탁하게 하기 때문입니다. 일광욕이나 온수목욕 이후에도 이미 흥분되고 데워진 육체에 열을 가중시키므로 일정 시간이 경과한 후에 실행하는 것이 좋습니다.

요가 수행의 목적은 자연의 본질을 찾고 그것과 일치를 지향하며
육체의 제어를 통하여 지고한 정신인 신성을 발현하려는 과정으로써
조화로운 현재적 삶을 이어가는 진실한 태도입니다.
이러한 요가의 수행은 신성을 예배하는 영적 의식이며,
모든 만물에 편재한 오직 하나의 진리를 향한 깨달음이자 어떤 것에도 구속됨이 없는 자유로움입니다.
이것은 완전한 종교입니다.
그러나 숭배 대상이나 그 형상, 사원과 경전, 예배의식은 부차적인 것이며,
진정한 본성을 찾는 정화된 심신을 위한 실천 수행이 요가입니다.
— 스와미 비베카난다 Swami Vivekananda

초급 과정을 위한 자세

시력 향상을 위한 자세

직업상 인공조명에 오랫동안 노출된 생활을 하거나 지나친 TV 시청, 장시간의 컴퓨터 작업이나 게임 등은 시력을 저하시켜 눈 자체를 혹사시킬 뿐만 아니라 음식물 섭취에도 불균형을 초래하여 건강을 해칠 수 있습니다. 이 외에도 몸에 침체되어 있는 독성인자나 노화로 인해 시력이 저하되기도 하지만 무엇보다도 가장 큰 요인은 정신적인 긴장입니다. 일반적으로 알고 있는 것과는 달리 장시간의 독서 자체가 시력을 떨어뜨리는 직접적인 원인이라기보다는 책을 읽을 때의 잘못된 자세와 정신적인 긴장이 문제입니다. 그러므로 책을 읽기 전에 몸과 마음을 평온하게 하고 가벼운 안구운동으로 긴장을 풀어 주는 것이 우선적으로 요구됩니다.

눈에 관련된 여러 가지 요가 기법들은 긴장과 이완을 통하여 눈 근육의 피로를 해소하고 집중력을 향상시키며 시력 회복에도 도움을 줄 것입니다. 안경이나 렌즈는 시력을 회복시키기 위한 도구가 아니라 보조적인 수단일 뿐입니다. 가능한 한 필요한 경우에만 사용하며 그 외의 시간에는 벗어두는 것이 시신경을 안정시켜 눈을 정상적으로 작용하게끔 하는 방법입니다.

이른 아침에 맨발로 이슬이 맺힌 풀밭 위를 걷거나 아침과 저녁 무렵에 모래나 맨땅, 자갈밭 등을 걷는 것은 발바닥과 두뇌를 연결하는 신경들을 자극하여 신경계를 활성화시켜 줍니다. 발에 잘 맞는 신발을 신는 것도 역시 중요합니다. 그러나 여건이 되어 가능하면 맨발로 생활하는 시간을 늘리는 것이 좋습니다. 발의 피로는 혈액순환 및 신경계에 적지 않은 영향을 미치므로 피로가 누적되지 않도록 잘 관리해야 합니다.

일정 시간 동안 시선을 전방에 고정시키고 발끝으로 서 있거나 발뒤꿈치를 세운 채 걸어보는 것도 도움이 됩니다. 지평선이나 수평선 위로 떠오르는 태양을 몇 분 정도 바라보다가 눈을 감고 그 잔상을 느껴보는 것도 좋은 방법입니다. 눈을 감은 채 눈동자를 왼편으로 모았다가 느릿하게 오른편으로 돌리며

태양의 잔상을 감상한 후 손바닥으로 눈두덩을 지그시 누르고 쓰다듬고 가볍게 비벼줍니다. 춥지 않은 계절에는 일출과 일몰에 옷을 벗고 눈을 감은 채 잠시 일광욕을 하는 것도 좋은 방법입니다.

다음에 제시하는 요가 방법들은 간단하지만 노안의 진행이나 사시와 같은 눈 근육의 무질서를 바로잡고 그 증상을 완화시켜 줄 것입니다. 눈의 이상은 유전적인 영향이 아닌 경우, 잘못된 습관이나 피로가 장기간 누적되어 나타난 결과이기 때문에 회복을 위해선 그에 못지않은 시간과 노력이 필요합니다. 따라서 즉각적인 효과를 기대하기보다는 규칙적이고 지속적인 인내와 노력으로 자세들을 수행해야 합니다.

우선은 요가에서 제시하는 방법을 따라 생활하며 안경에 대한 의존을 단계적으로 낮출 것을 권합니다. 눈 운동을 시작하기 전에 약하게 희석시킨 소금물이나 찬물에 눈을 담그고 몇 차례 깜박거리면 혈액 순환을 자극하여 눈의 활동을 도울 수 있습니다.

시력에 관하여 유의할 점

녹내장, 백내장, 망막의 이상, 동·정맥계의 혈전증, 홍채염, 각막염, 결막염 등 중한 질환을 가진 사람들은 안과 전문의와 상담하여 충분한 조언을 듣고 요가적 방법을 선택해야 합니다. 눈에 심한 압력을 높일 수 있는 자세는 가능하면 하지 않아야 하며, 채식 위주의 식이요법을 반드시 병행하도록 합니다. 식이요법이라 함은 특별하거나 복잡한 음식섭취 방법을 말하는 것이 아닙니다. 소화가 잘 이루어지고 배설을 순조롭게 하는, 즉 장에 체류하는 시간이 짧고 가스를 많이 발생시키지 않는 자연식을 의미합니다. 따라서 장에 머무는 시간이 긴 육식이나 지방이 많이 함유된 식단, 화학조미료가 많이 첨가된 음식 등을 피하고, 가능하면 섬유질을 많이 함유한 야채식을 하는 것이 좋습니다.

안구운동은 이 책에 제시된 방법과 순서에 따라 아침과 저녁시간에 실행하도록 합니다. 시력향상과 회복에 있어서 중요한 것은 아주 느릿하게 의식과 시선을 고정시켜 움직임을 따라가는 것입니다.

안면 근육과 눈썹, 눈꺼풀이 긴장하지 않도록 하여 편안한 마음으로 호흡을 자연스럽게 유지하면서 실행합니다.

양쪽 모두를 마친 후에는 반드시 눈을 감고 쉬는 시간이 있어야 하며, 실행중에는 안경을 쓰지 않습니다.

눈이 피로할 때는 눈 주변을 손바닥으로 쓰다듬어 눈 근육의 긴장이 풀어지도록 하는 것이 좋습니다.

얼굴에 손바닥 대기

■ 편안한 자세로 앉아서 손바닥을 강하게 서로 마주치거나 빠르게 비벼서 열을 냅니다.

■ 팔의 긴장을 빼고 손가락 부분을 감은 눈에 대어 손바닥 전체로 부드럽게 얼굴을 덮습니다. 이때 코가 눌려서 호흡을 방해하지 않도록 주의합니다.

■ 손으로부터 전해지는 온기가 눈의 피로를 풀어준다는 마음으로 잠시 동안 자세를 유지한 후 엄지를 제외한 네 손가락으로 지그시 눈두덩 전체를 누릅니다.

■ 어느 정도 자극을 주고 난 후에는 누를 때보다 더 천천히 손가락의 힘을 풀며 눈에서 손을 떼어야 합니다.

🔅 자세의 효과

눈 주위 근육을 이완시켜 피로감을 해소하고 생기를 주며, 손에서 발생한 온기와 적당한 자극이 각막과 수정체 주위의 건조를 막아 촉촉한 상태를 만들어줌으로써 시력 회복에 도움을 줍니다. 동트는 새벽과 석양 무렵에 부드러운 태양빛을 바라보며 실행하면 효과가 더욱 증대됩니다.

눈 깜빡이기

■ 편안한 자세로 앉아서 눈 주위의 근육에 힘을 주어 빠르게 감았다 뜨기를 10회 반복합니다.
■ 잠시 눈을 감은 채 멈추었다가 다시 10회를 반복한 후 눈을 감고 충분히 휴식합니다.

☀ **자세의 효과**

장시간의 긴장으로 인한 눈의 피로로 인해 부자연스럽
게 눈을 깜빡거리게 되거나 시력이 저하된 경우에 실행
함으로써 눈 주위의 근육을 이완하고 안구를 촉촉하게
해줍니다.

눈동자 돌리기

1. 편한 자세로 앉아 오른팔을 어깨 높이로 들어 올리고 팔꿈치를 펴서 엄지를 세웁니다. 양쪽 눈의 시선은 엄지에 고정시킨 채 수평을 유지하며 팔을 느릿하게 오른편으로 돌립니다. 등이 굽지 않게 세운 채 고개는 움직이지 않도록 해야 하며, 오직 양쪽 눈동자만 엄지를 따라 움직이도록 합니다. 손가락 끝이 보이지 않을 정도까지 옆으로 돌리고 제자리로 돌아올 때까지 눈은 깜빡여도 좋으나 시선은 잠시도 손가락 끝에서 벗어나지 않아야 합니다. 오른손을 낮추고 같은 방법으로 왼팔을 들어 올려 실행합니다.

2. 이를 마친 후, 양손을 들어 올려 오른손 끝은 오른쪽으로, 왼손 끝은 왼쪽으로 이동시키면서 동시에 양 눈동자도 각각의 손끝과 같은 방향을 따라가도록 합니다.

3. 세운 엄지를 아래쪽으로 내려 시선을 고정시키고 천천히 왼쪽으로 팔을 크게 회전하면서 엄지 끝의 움직임을 따라갑니다. 등은 곧게 하고 머리가 움직이지 않게 하며 한차례 실행 후 반대방향으로 진행합니다. 눈을 감고 잠시 쉽니다.

4. 세워둔 엄지 끝을 눈과 눈 사이로 느릿하게 당겨 눈동자가 가운데로 모이면 손가락을 멀리 밀어 줍니다. 지그시 눈을 감고 잠시 눈의 느낌을 살핍니다.

5. 다시 눈을 떠서 머리는 고정시키고 위쪽으로 눈을 치켜떴다가 다시 양쪽 눈동자 모두 천천히 내려 왼쪽을 바라본 후 아래쪽을 지나 오른쪽으로 돌려 오른쪽 위를 바라보다가 지그시 눈을 감습니다. 다시 눈을 떠서 같은 방법으로 반대쪽을 실행합니다.

6. 눈을 잠시 감고 잠시 멈추었다가 눈을 떠서 왼쪽 오른쪽으로 느릿하게 돌립니다. 이 실행을 마치면 누워서 눈을 감고 사바사나Savasana를 취합니다.

🔅 자세의 효과

눈의 피로를 해소하여 눈 주위 근육에 안정을 주고, 안
구의 회전범위를 크게 하여 시신경을 자극함으로써 노
안老眼이 방지되고 시력 회복에도 도움을 줍니다.

쉬운 요가 자세

■ 엉덩이의 뒤쪽 바닥에 양 손을 짚고 두 다리는 펼친 상태로 머리와 등을 바르게 하여 앉습니다.

■ 앉아서 하는 모든 자세들의 시작 전 준비 자세이며, 자세의 사이사이에 쉴 수 있는 휴식자세이기도 합니다.

발가락, 발목 풀기 | Padanguli-Naman

- 두 다리를 펴고 앉아서 등 뒤로 손을 짚습니다.
- 발가락을 수회 구부렸다 펴고 발목에도 자극이 되도록 천천히 반복하여 앞뒤 좌우로 움직이고 회전시킵니다.
- 처음엔 하나씩 따로 실행하며, 양쪽을 다 하고난 후 두 발을 함께 합니다.
- 무릎은 움직이지 않게 하고 가능한 느릿하게 실행하여 그 느낌을 찾도록 합니다.

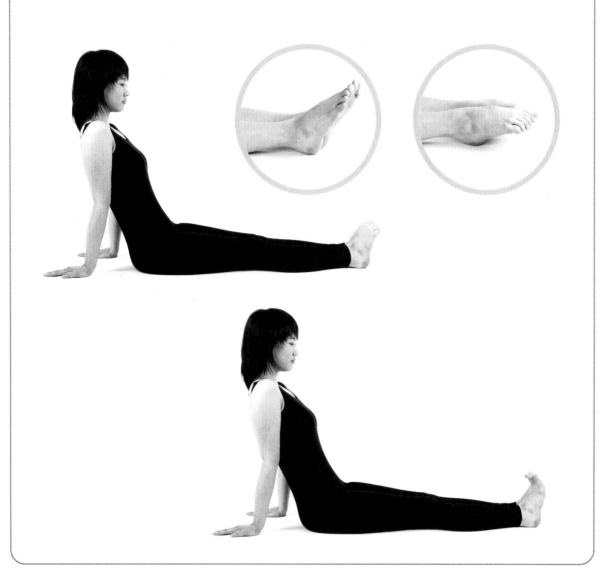

🌀 자세의 효과

다리 근육과 발목관절의 긴장이 해소됨으로써 전신의
피로를 풀어 활력을 높입니다.

발목 돌리기 | Goolf-Ghoornan

- 두 다리를 펴고 앉아서 왼쪽 다리를 구부려 오른쪽 허벅지 위에 올려놓습니다.
- 왼손으로 왼 발목을 붙잡고 오른손으로 오른발 끝 쪽을 잡아서 한쪽 방향으로 강약과 속도를 조절하며 회전시켰다가 반대 방향으로 돌립니다.
- 의식을 발목에 집중하여 긴장이 풀어지도록 수차례 반복한 후, 발목에 힘을 빼고 손으로 발끝을 가볍게 흔들어 줍니다.
- 발을 바꾸어서 같은 방법으로 실행합니다.

자세의 효과

발목을 돌림으로써 발과 발목 및 종아리의 울혈을 풀어
피로감이 해소됩니다. 또한 조직액Lymph과 혈액의 순
환을 순조롭게 하여 신경계가 안정되고 근육의 강직이
해소됨으로써 혈전증을 막아줍니다.

반 나비자세 Ardha-Titaliasana

- 두 다리를 펴고 앉아서 왼쪽 다리를 접어 오른쪽 허벅지 위에 발목을 얹습니다.
- 오른손으로는 허벅지 위에 놓인 왼발 끝을 잡고 왼손으로는 접은 무릎을 감싸서 위로 들었다 바닥으로 낮추는 동작을 천천히 반복합니다.
- 무릎이 바닥에 잘 닿지 않을 때에는 왼손으로 지그시 눌러서 바닥으로 낮추되 무리한 힘을 가하지 않도록 합니다.
- 몇 차례 반복한 후에 무릎을 바닥에 누른 채 상체를 바로 세워 천천히 오른쪽으로 몸통을 비틉니다.
- 오른쪽 어깨와 고개가 충분히 오른쪽 뒤를 향하게 한 후 눈을 감고 내부의 느낌을 주시합니다.
- 이때 호흡은 자연스럽게 하되 흉부가 비틀려 편하지 못할 때는 아랫배를 밀고 당기는 깊은 숨을 유도합니다. 발을 바꾸어 같은 방법과 순서로 실행합니다.

☀️ 자세의 효과

명상 자세를 위해서 몸을 단계적으로 풀어주는 준비자
세로서 무릎과 고관절의 긴장을 해소하고 하반신의 피
로를 덜어줍니다.

무릎 구부리고 펴기 | Janu-Naman

■ 편안한 자세로 앉아서 느릿하게 오른쪽 다리를 접어 왼쪽 무릎 안쪽에 세워두고, 오른쪽 허벅지 안쪽에 깍지를 껴서 단단하게 붙잡습니다.

■ 머리와 등을 바로 세운 상태에서 시선만 낮추어 오른발 끝에 고정합니다. 발끝에서 시선이 떨어지지 않도록 계속 유지하며 느릿하게 발끝을 들어 올립니다.

■ 무릎이 완전히 펴질 때까지 들어 올려 주시한 채 멈추었다가, 무릎은 그대로 두고 발끝만 천천히 다시 제자리로 낮춥니다.

■ 움직이는 발끝에 의식을 집중하여 고정하고 자연스러운 호흡으로 수축과 이완의 느낌을 살피면서 균형이 무너지지 않도록 합니다. 발을 바꾸어 같은 방법과 순서로 실행합니다.

☀ 자세의 효과
허벅지 근육을 강화시키고 집중력이 향상되며, 하반신의 혈액순환을 원활하게 합니다.

- 편안한 자세로 앉아서 어깨 높이로 팔을 들어 올리고, 엄지손가락을 감싸듯이 주먹을 쥐었다가 손가락을 모두 펼칩니다.
- 손목을 위 아래로 구부리고 다시 펴기를 몇 차례 반복합니다.

🌀 **자세의 효과**

손가락과 손목 관절이 자극되어 손의 경직을 해소합니다.

손목 풀기 | Manibandha-Naman

- 편안한 자세로 앉아서 왼손으로 오른쪽 손가락을 모두 붙잡고, 팔은 어깨 높이로 올려서 아래로 향한 손끝을 몸 쪽으로 당겨줍니다.
- 팔꿈치가 구부러지지 않도록 편 채로 오른손바닥을 멀리 밀어준 다음, 천천히 팔꿈치를 구부려 되돌립니다.
- 양손을 바꾸어 가며 3회 정도 반복 실행하고 손목에 힘을 빼서 가볍게 몇 차례 흔들어줍니다.
- 그런 다음 가슴 앞에서 오른손으로 왼손등을 감싸듯이 붙잡아 천천히 팔꿈치를 서로 붙일 듯 조입니다.
- 왼손을 들어 손바닥을 펴고 새끼손가락이 가슴 중앙에 닿게 붙입니다.
- 왼손으로 오른손을 감싸듯이 붙잡아서 앞으로 밀며 느릿하게 두 팔꿈치를 펴고 구부려 손목 · 팔꿈치 · 어깨가 비틀리도록 자극합니다.
- 손을 바꾸어 3회 정도 반복하고 다시 손목에 힘을 빼서 손을 가볍게 몇 차례 흔들어줍니다.

🌀 자세의 효과
손목을 지나치게 많이 사용하여 경직에 의한 고통이 있
는 경우 손목의 인대근육이 풀어져서 편안하게 됩니다.
손끝의 말초신경을 자극하여 피로감을 해소하여 전신에
활기를 줍니다.

손목 회전 Manibandha-Cakra

■ 어깨 높이로 팔을 들어 엄지손가락을 감싸듯이 주먹을 쥐고 천천히 회전시킵니다.
■ 팔과 팔꿈치는 편 상태를 유지하며 반대방향으로 돌립니다. 양 손을 번갈아 15회 이상 회전시킵니다.

🏵 자세의 효과

장시간 손목을 사용하는 글쓰기, 타이핑, 피아노, 기타
연주 등에서 오는 손목관절의 피로를 해소하고, 관절염
을 경감하거나 예방합니다.

- 편안한 자세에서 어깨 높이로 한 팔을 들어 천천히 손끝이 어깨에 닿게 합니다.
- 느리게 십여 차례 반복한 후 다른 쪽의 팔로 바꾸어 실행합니다.
- 두 팔을 동시에 어깨에 붙였다가 팔꿈치를 펴주는 동작을 10여 회 반복합니다.
- 의식은 팔의 움직임에 따라 느끼며 호흡은 자연스럽게 합니다.

🌼 자세의 효과

무거운 것을 들고난 후 상완의 근육과 팔꿈치의 긴장이
잘 풀어지지 않을 때 실행하면 좋습니다. 또한 어깨의
경직으로 인한 오십견을 예방하거나 개선합니다.

어깨 돌리기 Skandha-Cakra

- 편안한 자세에서 왼손은 무릎 위에 두고 오른손은 어깨에 손끝을 붙여 팔꿈치를 앞으로 내밀 듯 느릿하게 들어 올려 뒤쪽으로 회전시킵니다. 십여 차례 실행 후 뒤쪽에서 앞쪽으로 돌립니다.
- 왼쪽도 같은 방법으로 실행한 후 양 손끝을 모두 어깨에 붙여 천천히 앞에서 뒤로, 뒤에서 앞으로 크게 돌립니다.
- 팔꿈치를 위로 세울 때는 귀 옆을 스치듯이 하여 높이 세우고 뒤쪽에서 앞쪽으로 돌릴 때도 회전 반경이 커지도록 가능한 팔꿈치를 멀리하여 느릿하게 실행합니다.
- 어깨관절에 의식을 집중하여 늘어나고 풀어지는 감각을 느낍니다.

🌀 자세의 효과

장시간의 운전이나 반복된 작업에서 오는 어깨의 긴장
을 완전하게 풀어주는 매우 효과적인 방법이며, 오십견
을 예방하고 경추염 등 목 부위의 이상이 개선됩니다.
또한 움츠린 어깨와 가슴을 펴게 하여 바른 자세를 가질
수 있게 합니다.

- 편안한 자세에서 눈을 감은 채 천천히 턱을 아래로 낮춰 머리를 숙이고, 다시 들어 올려 느릿하게 뒤로 넘깁니다.
- 다시 바르게 세워서 오른쪽으로 머리를 기울여 어깨 가까이 낮추었다가 천천히 바로 세우고 왼쪽으로 낮추었다가 세운 다음, 다시 고개를 앞으로 숙여 느릿하게 한 바퀴 돌린 후 반대편으로 다시 한 번 돌립니다.

자세의 변화

- 양손으로 턱을 감싸고 목에는 힘을 주지 않은 상태로 팔꿈치를 들어 올려 머리를 뒤로 넘깁니다.
- 팔꿈치를 낮추어 처음의 위치로 머리를 바로 세웁니다.
- 머리 뒤쪽에서 손을 깍지 끼우고 팔꿈치는 양옆으로 벌려 가슴이 활짝 열리게 합니다.
- 다시 팔꿈치를 조이듯 모아 아래로 끌어내리고, 잠시 멈추었다가 느릿하게 팔꿈치를 들어 올려 머리가 바르게 되면 깍지를 풀어 줍니다.
- 편안하게 앉은 자세에서 오른손으로 왼쪽의 머리 윗부분을 감싸듯이 잡고, 목의 힘을 뺀 채 느릿하게 오른쪽 팔꿈치를 아래쪽으로 낮춥니다.
- 팔꿈치를 처음의 위치로 되돌려 머리를 바로 한 다음 손을 바꾸어 반대쪽을 실행합니다.

❀ 자세의 효과

어깨와 팔은 모두 경추에서 나온 신경의 지배를 받기 때문에 목을 풀어주는 것은 어깨와 팔 전체의 긴장을 해소하고 기능을 원활하게 하는 효과를 가집니다. 따라서 목의 운동은 목뿐만 아니라 어깨와 팔의 피로를 동시에 풀어주는 것으로 이해해야 합니다.

✺ **유의할 점**

목과 어깨의 긴장을 푼 상태에서 고개는 돌리되, 어깨는
움직이지 않도록 고정시켜 둡니다. 눈을 감은 채로 목의
느낌을 살핍니다. 노인성 관절염과 저혈압, 고혈압환자
및 경추에 이상이 있는 사람은 전문가와 상담하고 지도
자의 의견에 따라 주의하여 행하거나 문제가 있는 경우
에는 행하지 않도록 합니다. 손을 이용할 때는 강한 자극
이 생기므로 뒷목 부위의 긴장을 손가락으로 풀어주거나
목을 느릿하게 돌려서 불편한 느낌이 없어야 합니다.

소화기 계통에 영향을 주는 자세

섭취한 음식물을 잘게 분해함으로써 몸이 흡수할 수 있는 상태로 만들어주는 소화기관들은 실로 우리 몸을 먹여 살리는 일꾼들입니다. 그러나 잘못된 식사습관이나 스트레스 등으로 가장 쉽게 손상을 입을 수 있는 것도 바로 이 기관들입니다. 무턱대고 많은 음식을 먹는다고 몸에 필요한 영양분을 공급할 수 있는 것은 아닙니다. 소량의 음식이라도 균형 있게 섭취하고, 내부 장기들을 적절히 자극하여 활성화시키는 것이 무엇보다 중요합니다.

다음에서 소개되는 몇 가지 요가 자세들은 소화기 계통을 강화하고 복부에서 퍼져 나가는 기운의 흐름을 원활하게 하여 신진대사를 도울 수 있습니다. 또한 소화불량과 변비, 위산과다, 가스로 인한 복부팽만, 식욕감퇴 등과 같은 소화기 질환을 개선하는 효과가 있습니다.

자세를 실행하는 동안에는 몸의 움직임에 의식을 집중하고 자연스럽고 율동적으로 호흡하여 자세의 효과를 상승시킬 수 있도록 합니다. 또 다리를 움직이는 자세를 실행할 때는 처음부터 복부와 허리에 큰 힘이 가해지지 않도록 한쪽 다리부터 교대로 실행하도록 합니다. 간단한 동작들로 보이지만 깊이 있게 이루어지는 자세들인 만큼 긴장을 풀고 몸 상태가 허용하는 범위 내에서 매일 꾸준하게 실행하는 것이 좋습니다.

고혈압 환자나 심장기능에 이상이 있는 경우, 또는 복부와 허리 및 골반의 이상으로 외과 수술을 한 경우에는 어느 정도의 적응시간이 필요하므로 무리하지 않도록 주의합니다. 욕심을 부려 무리하게 자세를 실행하게 되면 오히려 심각한 위험을 초래할 수도 있습니다. 자세를 실행하는 중에 통증이 따르는 경우엔 반드시 의료 전문가의 조언과 요가 지도자의 상담을 거치도록 합니다.

다음의 여섯 가지 자세들은 눕거나 엎드려서 시작합니다. 적당한 깔개 위에서 두 다리를 펴고 손은 엉덩이 옆 바닥에 두며, 머리와 등은 똑바로 펴는 준비 자세를 취합니다.

- 반듯하게 누워 손바닥을 엉덩이 옆 바닥에 붙여두고, 한쪽 다리만 곧게 펴서 천천히 수직으로 세웁니다.
- 어느 정도 유지한 후 느릿하게 다시 바닥에 내려두고 반대쪽의 다리를 들어 올립니다.
- 다섯 차례 정도 번갈아 실행합니다.
- 다리를 들어 올릴 때 숨을 들이마시고, 내려놓을 때 내쉬는 호흡은 수축과 이완에 도움이 됩니다.
- 바닥에 놓여 있는 다리나 세운 다리 모두 무릎이 구부러지지 않도록 하며, 다리의 움직임에 따라 의식을 집중하고 호흡은 자연스럽게 유지합니다.

✳ 유의할 점

처음부터 수직으로 다리를 들어올리기가 어려운 경우에는 먼저 15도 높이로 2회 정도 높였다가 25, 35, 45도의 각도를 각각 2회 정도 반복한 후 수직으로 세우도록 합니다.

✺ 자세의 효과

이 자세는 복부근육을 강화하여 복압을 높이고 내부 장기들을 부드럽게 자극합니다. 이로써 소화기계를 원활하게 하고 등 부위의 근육을 강화할 수 있습니다. 골반의 불균형을 교정하고 회음부위를 수축함으로써 생식기 계통이 강화되며, 탈장을 예방하거나 치료하는 데 효율적입니다.

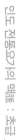

다리 돌리기 Cakra-Padasana

- 반듯하게 누워 손바닥은 엉덩이 옆 바닥에 붙여두고, 한쪽 다리만 곧게 펴서 느릿하게 발을 약간 들어 올려서 바깥쪽으로부터 안쪽으로 천천히 몇 차례 크게 돌립니다.
- 잠시 멈추었다가 반대 방향으로 같은 횟수만큼 회전시킨 후 천천히 제자리로 낮춥니다.
- 다리를 회전시킬 때 위로 향한 다리의 각도는 45도 정도이고 내릴 때는 발뒤꿈치가 바닥에 닿지 않도록 합니다.
- 호흡이 거칠어지지 않도록 잠시 휴식을 가진 뒤 반대쪽의 다리를 실행합니다.
- 자세를 취하는 동안 호흡은 자연스럽게 유지하고 너무 긴장하지 않도록 움직임에 의식을 집중합니다.

자세의 효과

복부를 강화함으로써 내장기능이 활성화 되고, 척추를 지지하는 등 근육이 바르게 조율됩니다. 또한 고관절을 유연하게 하고 비만 해소에도 유용합니다.

발 구르기 | Pada-Sanchalanasana

- 반듯하게 누워 손바닥은 엉덩이 옆 바닥에 붙여둔 상태에서 오른쪽 무릎을 구부려 세워 가슴 가까이 당겨 옵니다.
- 천천히 다리를 내리며 몇 차례 반복하여 무릎을 구부렸다 폅니다.
- 마치 자전거의 발 받침대를 구르듯 반복하여 실행한 후, 오른쪽 다리를 내려두고 왼쪽 다리를 같은 방법으로 실행합니다. 무릎을 펴서 내릴 때는 발뒤꿈치가 바닥에 닿지 않도록 유의합니다.
- 같은 횟수로 한 쪽씩 마친 후에 누워서 자전거를 타듯, 두 무릎을 번갈아 올리고 내리는 동작을 10여 차례 반복합니다.
- 호흡은 시작해서 마칠 때까지 거칠어지지 않도록 자연스럽게 유지해야 합니다.
- 자세를 마친 뒤에는 몇 차례 깊은 숨을 들이마시고 내쉽니다.
- 전신의 긴장을 풀어 자연스럽게 숨을 고르며 충분히 휴식합니다.

🔵 자세의 효과

엉덩이와 무릎관절의 긴장을 풀고 복부의 압력을 높여 내
장기관들이 튼튼해지며 허리근육을 탄력 있게 합니다.

Supta-Pawanmuktasana 누워 다리 끌어안기

- 등을 바닥에 대고 반듯하게 누워 오른쪽 다리를 접고 무릎 바깥쪽 정강이에 양손을 깍지 끼워 붙잡아 천천히 가슴 쪽으로 끌어 내립니다.
- 팽팽하게 붙잡은 무릎을 팔꿈치가 펴지고 목이 뒤로 젖혀질 만큼 바깥쪽으로 밀어줍니다.
- 상체를 일으켜서 턱을 무릎 위에 두고 잠시 멈춘 후, 느릿하게 상체를 먼저 낮추고 무릎 위에 끼운 깍지는 풀어서 다리를 제자리에 내려놓습니다.
- 같은 방법으로 왼쪽을 행하며, 양쪽 모두 번갈아 세 번 정도 되풀이하여 실행합니다.

✸ 유의할 점
좌골 신경통과 고혈압 환자 및 허리와 등 부위에 심한 통증을 느끼는 사람들에게는 적합하지 않습니다.

✸ 자세의 효과
복부가 자극되어 장 기능이 활발해지고, 복압이 높아져서 가스배출과 배변이 용이해집니다.
골반의 변이를 교정하고 생식기계의 여러 문제들을 해소시켜주며, 등줄기의 긴장을 풀어 척주신경을 안정시킵니다.

참고

이 자세를 행할 때는 특별히 오른쪽을 먼저 해야 하는 이유가 있습니다. 무릎으로 내장을 압박하여 장에 머물러 있는 가스를 내보내는 것이 이 자세의 목적인데, 상행결장이 있는 오른쪽 복부를 먼저 압박하고 이후 왼쪽의 하행결장을 압박함으로써 가스가 외부로 자연스럽게 배출되도록 하기 위해서입니다.

한쪽씩 실행한 후에는 양쪽 무릎을 모두 접어 깍지 낀 손으로 단단히 붙잡고, 상체를 일으켜 턱이 무릎 사이에 끼워지거나 무릎 위쪽으로 오게 합니다.

자세가 완성되면 잠시 동안 멈춰 복부의 압력을 충분히 높여 가스가 배출되도록 유도한 후, 상체를 먼저 낮추고 깍지를 풀어 다리를 제자리에 내려놓습니다. 세 번 정도 반복 실행한 후 사바사나Savasana로 충분히 휴식합니다.

- 등을 바닥에 대고 반듯하게 눕습니다.
- 양 다리를 접어 깍지 낀 손으로 무릎 바깥쪽을 붙잡고 가슴으로 당겨 숨이 차지 않을 만큼 좌우로 구릅니다. 그 다음엔 상체를 일으켜 턱은 무릎 가까이 당겨 앞뒤로 천천히 등을 굴립니다.
- 무릎 바깥쪽의 깍지 낀 손이 불편할 경우에는 다리를 모아 접어들고 허벅지 안쪽으로 깍지 끼워 잡아도 좋습니다.
- 숨이 거칠어지지 않도록 실행한 뒤, 사바사나Savasana로 휴식을 취하는 동안에 등을 굴릴 때 자극을 받은 부위의 느낌을 살핍니다.

> **참고**
> 이 자세는 등 부위의 긴장을 풀어주기 때문에 큰 동작을 취하기 전에 실행하는 것이 좋습니다. 바닥과 등뼈의 직접적인 마찰을 피하기 위해 방석이나 깔개를 펴두고 자세를 취합니다. 뒷머리가 바닥에 부딪히지 않도록 상체를 일으켜 머리를 앞으로 숙이고 실행합니다.

기지개 켜기 | Yastikasana

- 등을 바닥에 대고 눕습니다.
- 다리를 가지런히 펴고 팔은 머리 위로 넘겨서 바닥에 손등이 닿게 한 후 전신을 길게 늘입니다.
- 충분하게 몸을 늘였다가 순간적으로 힘을 푸는 과정을 여러 차례 반복합니다.

🏵 자세의 효과
몸 전체를 늘려서 깨우는 이 자세는 피로와 무력감이 극복되어 전신에 활기를 주며, 혈액순환을 돕고 신경계의 안정을 이루게 합니다.

비틀기 자세

일반적인 요가 수련에서는 빠짐없이 비틀기 자세들이 포함되는데, 특히 몸을 앞으로 숙이는 전굴이나 뒤로 젖히는 후굴 자세 이후에 실행하는 것이 좋습니다. 비틀기 자세는 상체의 수축과 이완을 통하여 움직임의 범위를 확장시키고 척주신경들을 자극합니다. 상체를 좌우로 비틀어 근육을 교대로 수축하고 이완시킴으로써 순환기 계통의 정체를 해소시킬 수 있고, 복부 근육과 내장을 주무르듯 자극하는 효과를 가집니다.

요가 생리학에서 볼 때 비틀기는 배꼽 주위에 위치하는 '사마나Samana'라고 부르는 기Prana의 흐름을 강화시켜줍니다. 이 기운은 위장, 간장, 췌장, 소장, 신장 및 방광 등 소화와 배설을 담당하는 기관들에 영양을 공급하는 기능을 가집니다. 사마나Samana는 또한 인체에서 신진대사를 담당하는 중요한 기운의 저장소이면서 배분의 자리인 '마니푸라-차크라Manipura-cakra'와도 연결되어 있습니다. 복부를 자극하는 비틀기 자세는 신체의 모든 부위에 건강과 생기를 주는 중요한 자세라고 할 수 있습니다.

비틀기 자세는 일반운동이나 다른 수행체계에서는 찾아보기 힘든 요가만의 독특한 방법으로, 몸의 방향 전환에 따라 균형을 찾는 것이 이 자세들의 목적입니다.

누워 복부 비트는 자세 Supta-Udarakarshanasana

- 등을 바닥에 대고 반듯하게 누워 목 뒤에 깍지 낀 상태에서 양 무릎을 접어 세웁니다.
- 모은 무릎을 천천히 왼쪽 바닥으로 낮추며, 이때 고개는 오른쪽으로 돌립니다.
- 어느 정도 멈추었다 천천히 제자리로 돌아와서 반대 방향으로 무릎을 낮춥니다.
- 이 경우에도 고개는 무릎과 반대편으로 돌립니다.

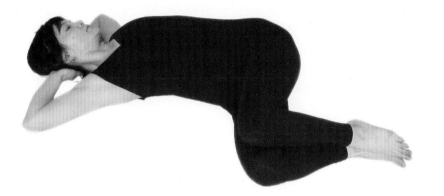

🪷 자세의 효과

이 자세는 복부와 등의 근육을 탄력 있게 합니다. 내장 기능이 활성화되어 소화와 배설 기능이 촉진되고, 척주를 바르게 교정하는 효과가 있습니다.

자세의 변화

- 양팔을 어깨 높이로 곧게 펴서 벌리고 손바닥은 바닥에 붙입니다.
- 양 무릎을 붙여 가슴까지 끌어올린 후 각도를 크게 하여 한쪽으로 낮춥니다.
- 양쪽 모두 번갈아가며 같은 방법으로 여러 차례 낮추기를 반복합니다.

참고

척추 : 척추골 마디마디를 또는 등골뼈를
일반적으로 지칭할 때 쓰임.

척주 : 척추 전체, 등골뼈 전체, 등심대 등을 통
틀어 이를 때 쓰임.

Udarakarshan-asana 전신 비틀기

- 등을 대고 반듯하게 누워 양팔을 어깨 높이로 곧게 펴서 벌리고 손바닥은 바닥에 붙입니다.
- 왼쪽 다리를 바르게 펴고, 오른쪽 다리를 구부려 발바닥을 무릎에 올려둡니다.
- 왼손으로 오른쪽 무릎을 붙잡아 느릿하게 왼쪽 바닥으로 낮춥니다. 이때 고개는 무릎과 반대 방향인 오른쪽으로 향하게 하고, 왼팔이 바닥에서 떨어지지 않도록 합니다.
- 무릎을 바닥에 붙인 채 잠시 동안 머무르며 호흡을 고르게 유지합니다.
- 다시 천천히 구부린 다리를 제자리로 세운 후 먼저 손을 풀고 다리를 폅니다.
- 같은 방법으로 반대쪽을 실행합니다.

🌀 자세의 효과

이 자세는 복부의 기운을 분배하는 생명력의 저장소인 마니푸라-차크라Manipura-cakra가 자극되어 내장의 자율신경기능이 순조로워집니다.

자세를 취함으로써 고관절의 인대와 근육이 유연해짐과 동시에 척주를 지지하는 등 근육의 긴장이 풀어집니다.

참고

오랜 시간 동안 의자에 앉아 일을 한 후나 명상 자세를 취한 다음, 또는 깊게 앞으로 몸을 숙인 자세나 뒤로 젖힌 자세를 한 후에 실행하면 좋습니다. 그러나 자세의 실행중 무릎이 바닥에 닿지 않더라도 무리하게 붙이려 하지 않도록 능력만큼 하고 특정 부위에 통증이 느껴질 때는 멈추도록 합니다.

- 등을 바닥에 대고 누워 다리를 가지런히 모으고 양 손은 펴서 어깨높이에 둡니다.
- 손바닥을 바닥에 밀착시켜 상체를 고정한 후 왼쪽 다리를 직각이 되도록 느릿하게 들어 올립니다.
- 세운 다리를 오른쪽 바닥으로 천천히 내리며 고개는 왼쪽으로 돌립니다.
- 배에 힘을 주어 다시 수직으로 세웠다가 천천히 내려놓고 같은 방법으로 오른쪽 다리를 실행합니다.
- 요추부위의 긴장과 울혈을 풀기 위해 발을 손끝 가까이 각도를 달리하여 반복 실행합니다.

🌸 자세의 효과

누구나 어렵지 않게 실행할 수 있으며, 전신을 긴장시켰
다가 풀어줌으로써 몸에 활력을 주고, 특히 허리부위의
문제점을 해소하여 배설 기능을 높이는 매우 유익한 자
세입니다.

자세의 변화

■ 다리를 가지런히 모으고 양팔을 어깨 높이에서 옆으로 폅니다.

■ 손바닥으로 바닥을 고정하여 모은 발끝이 왼쪽과 오른쪽 바닥에 직각이 되도록 느릿하게 낮추었다가 세우기를 반복합니다.

■ 좀 더 강한 복부 근육과 허리의 탄력을 위해서는 손끝 가까이 내린 발을 뒤꿈치가 바닥에서 조금만 떨어지게 하여 크게 회전시켜 반대쪽 손끝으로 이동시킵니다.

■ 복부나 허리에 고통이 따르지 않을 만큼 능력에 따라 반복한 후 모든 긴장을 풀어 사바사나Savasana로 휴식합니다.

 참고
이 자세는 휴식을 취하고 있는 모습의 악어자세Makarasana와는 달리 마치 악어가 물 속에서 몸을 비트는 모습과 같다 하여 '역동적인 악어자세'로도 불립니다.

등 굴리기 자세 Druta-Halasana

- 무릎을 펴서 다리를 가지런히 모으고 앉아 손바닥이 아래로 향하게 하여 팔을 어깨높이로 들어 올립니다.
- 몸을 뒤로 젖혀 등을 굴립니다. 이때 손등이 머리보다 먼저 바닥에 닿게 합니다.
- 발끝을 모으고 무릎이 구부러지지 않게 하여 다시 등을 굴려 일어나 앞으로 깊이 상체를 숙입니다.
- 뒤로 젖힐 때는 중급과정에서 소개되는 쟁기자세Halasana를, 앞으로 숙일 때는 상급과정에서 소개되는 등 펴기 자세Paschimottanasana를 이루어 연속적으로 반복합니다.

✳ 유의할 점

좌골 신경통과 경추의 염증 및 고혈압인 경우에는 이 자세를 하지 않도록 합니다.

🔵 자세의 효과

의식을 집중시키는 부분은 생략되었지만 등 펴기 Paschimottanasana, 쟁기자세Halasana와 비슷한 효과를 가집니다. 역동적인 실행으로 등의 긴장이 해소되고 몸에 흐르는 기운의 범위가 근육과 관련된 전신으로 배분, 확장됩니다. 반복 실행함에 따라 장의 연동운동이 촉진되어 소화기능이 향상되고 변비가 개선됩니다.

또한 간 기능을 촉진하여 지방분해 효율이 높아지고, 신장과 방광에 적절한 자극을 줌으로써 배설 기능이 향상됩니다.

바로 이곳 벵골 보리수 밑에서 인생의 가장 중요한 문제가 풀렸다네.

— 스와미 비베카난다 Swami Vivekananda

초급 과정의 요가 자세
Asanas

방아깨비 자세 Nabhiasana

■ 바닥에 이마와 배를 대고 엎드린 후, 어깨 너비로 다리를 열고 양 손은 머리 위로 밀어 올립니다.

■ 무릎이 구부러지지 않도록 곧게 편 채 모은 다리를 든 다음 두 팔과 머리도 들어 올립니다.

■ 배꼽 부위만 바닥에 닿았다는 느낌이 들면 그대로 멈추었다가 천천히 바닥에 내립니다.

자세의 변화, 1

■ 바닥에 이마와 배를 대고 엎드린 후, 어깨 너비로 다리를 열고 양 손은 머리 위로 밀어 올립니다.

■ 느릿하게 왼쪽 다리와 오른팔 그리고 머리를 위로 들어 올립니다.

■ 천천히 제자리로 낮추고 양쪽을 번갈아가며 위로 들어 내리기를 몇 차례 반복합니다.

자세의 변화, 2

■ 바닥에 이마와 배를 대고 엎드린 후, 다리를 어깨 너비로 열고 양 손을 머리위로 밀어 올립니다.

■ 상체와 하체를 동시에 위로 높이 들어 배꼽 부위만 바닥에 닿게 하고, 배를 위 아래로 굴려서 복부 전체를 자극합니다.

자세의 변화, 3

■ 바닥에 이마와 배를 대고 엎드린 후, 어깨 너비로 다리를 엽니다. 양 손은 손바닥이 위를 향하게 하여 엉덩이 옆에 둡니다.

■ 무릎이 구부러지지 않도록 유의하면서 상체를 일으키고 다리도 최대한 들어 올린 채로 정지합니다.

■ 최고점에서 충분히 멈추었다가 느릿하게 바닥에 낮추어 휴식합니다.

☀ 자세의 효과

범어梵語에서 나비Nabhi는 '배꼽'을 뜻하지만, 이 자세에서는 동작의 진행이 방아깨비의 움직임과 닮았다 하여 '방아깨비 자세'로도 불립니다.

척주 이상과 만곡증세Scoliosis의 개선에 매우 좋은 자세로, 복부와 등 부위를 강하고 탄력 있게 해줍니다. 특히 허리를 지지하는 인대근육의 좌우 대칭을 바르게 함으로써 일상생활에서 생겨난 습관적인 치우침을 개선합니다. 복부 자극으로 내장기능을 향상시키고, 가스배출을 원활하게 하며 복부 비만 해소에도 큰 도움이 됩니다.

등이 뻣뻣한 초급 요가 수련자에게 적용할 수 있습니다.

☸ 유의할 점

모든 과정에 무리가 되지 않을 정도로 능력만큼 실행합니다. 무릎이 구부러지지 않게 유의하다보면 발끝이 지나치게 긴장되어 종아리 부위의 근육에 경련이 생길 수 있습니다. 따라서 발끝에 힘을 주지 않고 다리 전체를 들어 올리는 기분으로 해야 합니다.

다리를 높이 들어 올려 허리에 긴장을 주고, 곧게 편 팔과 머리도 가능한 높이 들어서 복부에 충분한 힘이 들어가도록 합니다.

Rajju-Karshanasana 줄 당기기

■ 상체를 세우고 두 다리는 모아 반듯하게 펴고 앉습니다. 무릎 위에서 밧줄을 붙잡은 모습을 마음속으로 떠올리며 팔꿈치는 곧게 편 채 위에 있는 줄을 올리고 끌어내리는 동작을 번갈아가며 반복합니다.

■ 주먹을 위로 올리거나 아래로 내려놓는 전체 동작의 진행과정 중에는 의식과 함께 시선을 고정시키고, 호흡은 자연스럽게 유지합니다.

🌀 **자세의 효과**
어깨 관절이 부드러워지고, 가슴 근육이 발달되어 흉부가 튼튼해집니다.

역동적 척주 비틀기 Gatyatmak-Meru-Vakrasana

- 앉아서 다리를 펴고 어깨 너비보다 더 넓게 벌립니다.
- 양팔을 어깨 높이로 들어 올린 상태에서 온몸을 왼편으로 비틉니다.
- 오른손으로 왼발의 엄지발가락을 잡고 왼손은 뒤쪽으로 돌려세우며 시선은 왼손 끝에 둡니다.
- 가슴을 왼편으로 열고 양팔은 팔꿈치가 구부러지지 않도록 하며 고개까지 뒤로 돌려, 경추를 포함하여 상체가 완전히 비틀어지도록 합니다. 역순으로 제자리로 되돌아온 후 같은 방법으로 반대편을 진행합니다.
- 대부분의 요가 자세는 집중을 위하여 느리고 천천히 진행하지만, 이 자세는 약간 율동적으로 할 수 있습니다.

🧘 자세의 효과
이 자세는 몸통을 비틀어줌으로써 복부와 가슴의 압박 및 척주의 강직을 해소하고 허리의 유연성을 향상시켜 줍니다.

■ 다리를 가지런히 하고 앉아 가슴 앞에서 팔을 편 채 손은 깍지를 끼워 잡고 마치 맷돌을 돌리듯 천천히 한
쪽 방향으로 돌립니다.

■ 맞잡은 손을 앞으로 밀어 발끝까지 갔다가 뒤로 젖힐 때는 상체를 45도 이상 낮추면서, 율동적으로 10여
차례를 실행한 후 반대쪽으로 돌립니다.

✸ 유의할 점
자세를 반복하는 동안 팔꿈치가 구부러지지 않도록 합
니다. 다리는 모으고 실행하지만 약간 열고 할 수도 있
습니다.

자세의 효과

복부와 골반의 기능을 조율하여 신경계가 안정되며, 여
성의 월경주기를 고르게 하고 임신 초기 및 출산 후 회
복에 매우 유용한 자세입니다.

■ 두 다리를 모아 반듯하게 펴고 앉습니다.

■ 배 위에 앉아 노 젓는 것을 상상하며 마치 노를 잡듯 주먹을 쥐고 손을 앞으로 밀어 상체를 깊이 앞으로 숙였다가, 다시 주먹을 당기며 최대한 뒤로 젖힙니다.

■ 속도를 조절하여 10여 차례 반복 실행하면서 빠르고 느린 느낌을 관찰합니다.

🌼 자세의 효과

골반에 안정감을 주고 허리를 탄력 있게 하며, 복부의
압력을 높여 변비증을 개선하는 데도 효과적입니다.
정체된 기운을 풀어 온 몸으로 확산시킴으로써 여성의
생식기능을 개선하고 출산 후 회복에도 도움이 되는 자
세입니다.

■ 다리를 어깨 너비로 열고 쭈그려 앉아, 팔을 앞으로 내밀고 손은 깍지 끼워 맞잡습니다.

■ 맞잡은 손을 바라보며 머리 위로 세운 후 도끼질 하듯 율동적으로 바닥에 크게 휘둘러 내리칩니다.

■ 팔을 위로 치켜들 때는 숨을 들이마셨다가, 내릴 때는 숨을 내쉬며 팔의 움직임에 의식을 집중합니다.

🌀 **자세의 효과**

어깨 관절과 등의 긴장을 풀어 몸의 균형을 찾아주고,
골반부위 근육과 인대에 탄력을 줌으로써 임산부에게
좋은 자세입니다.

인도 전통요가의 맥脈 : 초급_ **123**

경배 자세 |Namaskarasana

- 다리를 어깨 너비로 열고 쭈그려 앉습니다.
- 두 팔을 앞으로 내밀고 손바닥은 맞붙여 손끝을 바라봅니다.
- 상체를 앞으로 숙이면서 무릎 안쪽에 붙인 팔꿈치를 펴고 모은 손끝은 멀리 밀어줍니다.
- 내뻗은 손을 천천히 가슴으로 끌어당기며 머리를 뒤로 젖혔다가 바르게 세우는 동작을 연속적으로 10여 차례 반복합니다.

⚙️ 자세의 효과
이 자세는 허벅지와 엉덩이 근육의 탄력을 높이고 무릎
과 어깨, 팔꿈치 및 목 관절을 유연하게 하며, 신경계의
안정에 도움이 됩니다.

 참고

손을 가슴 앞에 모을 때는 숨을 마시고 앞
으로 내밀 때는 토합니다.
모은 손을 앞으로 내밀 때는, 누군가 모은 손을
당기는 듯한 느낌이 들 정도로 멀리 밀어야 하며
턱은 가슴 쪽으로 가능한 만큼 낮춥니다. 집중된
의식으로 처음부터 끝까지 자세의 움직임을 느껴
봅니다.

까마귀 걸음 Kawa-Chalasana

■ 다리를 어깨 너비로 열고 쭈그려 앉은 자세에서 세워둔 양 무릎을 손바닥으로 감싼 후, 한쪽 무릎을 반대편 무릎 앞의 바닥에 교대로 내리고 올리기를 반복합니다.

■ 호흡이 거칠어지지 않는 범위에서 마치 까마귀 종종걸음처럼 연속하여 최소 50회 이상을 반복합니다.

■ 자세의 실행 후에는 사바사나Savasana를 취하여 충분히 이완되도록 합니다.

✺ 유의할 점
관절염이나 인대 근육의 손상 및 발목과 발가락 부상, 또는 만성적인 관절의 퇴행 증상이 있거나 하부관절들에 이상이 있는 경우에는 주의하여 자세를 실행해야 합니다.

⚘ 자세의 효과
깊은 명상이나 장시간 지속된 자세를 취한 후 무릎을 포함한 하체의 긴장과 피로감을 풀어주고 관절을 유연하게 해줍니다. 또한 변비 해소와 원활한 혈액순환에도 매우 유용한 자세입니다.

- 팔꿈치와 무릎은 편 채 엉덩이를 치켜들고 엎드려 바닥을 바라봅니다.
- 오른손과 왼발을, 왼손과 오른발을 한 쌍으로 하여 엎드린 자세로 느릿하게 걸어갑니다.
- 어깨와 고관절에 충분한 자극이 올 때까지 앞으로, 또는 뒤로 걸은 후 휴식자세를 취합니다.

✹ 유의할 점

무릎과 팔꿈치가 구부러지지 않게 하며,
무리하지 않을 정도로 걷습니다.

✹ 자세의 효과

손발의 인대와 관절을 유연하게 하고, 다리를 탄력 있고
아름답게 합니다. 혈액 순환을 원활하게 하고 내장의 위
치를 바로잡아 줍니다. 위장의 하수를 개선하며, 여성의
경우 임신초기 입덧증세를 완화시켜줍니다.

참고

인도의 대서사시 라마야나Ramayana에서 원숭이 장군 하누만Hanuman은 라마를 도와 라바나Ravana로부터 시타
를 구해냅니다. 안자야Anjaya는 바로 이 하누만의 어머니로, 바람의 신 바유Vayu의 배우자로 묘사됩니다.

복부 늘리기 Udarakarshan-asana

- 무릎을 접고 앉은 자세에서 두 손바닥을 무릎 위에 붙인 채 왼 무릎이 직각이 되도록 세우며, 동시에 몸통과 고개를 왼쪽으로 돌립니다.
- 왼쪽 무릎을 낮추어 제자리로 되돌리고, 오른쪽 무릎을 세우며 몸통과 고개는 오른쪽으로 돌립니다.
- 무릎을 5회 이상 느릿하게 번갈아 내리고 올리기를 반복하며 복부에 의식을 집중합니다.

🌀 자세의 효과
복부의 지방을 분해하여 복부근육을 탄력 있게 하고, 내장의 기능을 높여 변비를 해소하는 등 만성적인 내장질환을 개선합니다.

Matsya-Kridasana 한쪽으로 구부리고 엎드려 쉬는 자세

- 배를 바닥에 대고 엎드립니다.
- 오른쪽 다리와 팔은 그대로 둔 상태에서 왼쪽 무릎을 구부리고 왼팔은 접어서 손바닥을 얼굴 가까이에 둡니다.
- 얼굴도 왼쪽으로 향하여 휴식합니다.
- 이 휴식자세는 엎드린 자세들의 실행 이후에 취할 수 있습니다.
- 휴식 후, 또 다른 자세들을 실행한 이후에 반대 방향으로 팔과 다리를 접어 휴식합니다.

🧿 자세의 효과
허벅지 근육의 강직으로 인한 피로를 회복하고, 장의 연동운동을 촉진하여 소화를 도우며 변비 해소에도 좋습니다. 심장으로 돌아오는 정맥혈의 순환에 도움이 되며, 임산부의 휴식에도 적당한 자세입니다.

옆으로 기우는 자세 Parivritti-Janu-Shirshasana

- 발바닥을 마주 붙여 상체를 바르게 세웁니다.
- 오른쪽 다리를 옆으로 펴고 오른손의 검지로 오른발의 엄지발가락을 고리 끼우듯 붙잡습니다. 왼손의 손 등은 허리에 붙여 왼쪽 어깨를 세운 채 오른쪽 허벅지로 천천히 상체를 낮춥니다.
- 왼손을 위로 올려 오른쪽 발가락을 붙잡고 상체를 좀 더 낮추어 왼쪽 가슴과 얼굴은 위로 향하게 하여 눈 을 감습니다.
- 편 다리의 무릎이 구부러지지 않게 유의하며 충분히 정지한 후, 천천히 왼손을 위로 올리며 상체를 세우고 오른손도 풀어서 처음 자세로 돌아옵니다.
- 다시 발바닥을 마주 붙였다가 왼쪽 다리를 펴서 같은 방법과 순서에 따라 진행하고 되돌립니다.
- 처음부터 끝까지 호흡이 흐트러지지 않도록 하면서 몸의 느낌을 살핍니다.

🌼 유의할 점

실행 중 경련이 일어나거나 불편한 느낌이 있을 때는 자
세를 풀어줍니다. 임산부나 허리에 심한 고통이 있는 경
우엔 이 자세를 실행하지 않아야 합니다.

🌼 자세의 효과

복부를 비롯하여 옆구리의 근육까지 늘려주는 이 자세
는 중급과정에서 소개되는 반비틀기 자세Ardha-
Matsyendrasana와 상급 과정의 등 펴기 자세
Paschimottanasana가 가지는 효과를 동시에 가집니다.
장시간의 명상 후 굳어 있는 고관절과 무릎관절 인대의
긴장을 해소할 수 있는 자세로 추천됩니다.

숨고르기 자세 Padadhirasana

- 양 다리를 뒤로 접어 무릎을 꿇고 앉습니다. 양팔을 교차시켜 반대편 겨드랑이에 손바닥을 끼우고 엄지와 검지로 몸통을 감쌉니다. 눈을 감고 차분히 숨을 고릅니다.
- 양 콧구멍을 통하여 숨이 자연스럽게 들고 나가도록 호흡에 의식을 집중합니다.

Ardha-Bhujangasana 반 코브라 뱀 자세

- 바닥에 배를 대고 엎드려 몸을 곧게 폅니다.
- 발끝을 모으고 무릎과 엉덩이는 조인 채 손바닥을 얼굴 높이에서 어깨 너비로 열어 바닥에 붙입니다. 천천히 상체를 위로 들어 올리되 팔꿈치는 바닥에서 들리지 않게 합니다.
- 가슴을 최대한 앞으로 내밀면서 머리는 뒤로 넘기고, 시선은 미간에 집중시킵니다.
- 역순으로 천천히 되돌아옵니다.

🌸 **자세의 효과**
흉추를 균형 있게 조율하며 등 근육의 긴장을 해소시켜 줍니다.

참고
상체를 앞으로 숙이는 자세 이후에 실행할 수 있습니다. 이 자세는 코브라 뱀 자세Bhujangasana와 비슷한 효과를 가지면서도 허리에 무리한 자극을 주지 않으므로 등에 문제가 있는 경우에 유익한 자세입니다.

뱀蛇 자세 Sarpasana

■ 배를 바닥에 대고 엎드린 후 다리를 어깨 너비로 열고, 양 손은 엉덩이 위에 올려서 한 손으로 다른 쪽 손 목을 붙잡습니다.

■ 상체를 느릿하게 위로 일으켜 세우며 턱을 내밀고, 팔은 펴서 위로 들어 올립니다.

■ 완성된 자세에서 멈추었다가 느릿하게 팔부터 낮추어 엉덩이에 내리고 배를 바닥에 붙이며 돌아옵니다.

■ 손을 바꾸어 잡고 같은 방법으로 실행합니다.

■ 천천히 역순으로 되돌아온 후 엎드린 자세로 휴식합니다.

✳ 유의할 점

팔을 들어 올릴 때 어깨가 뒤쪽에서 조여지도록 가능한 팔꿈치는 구부러지지 않게 펴서 팔을 높이 들어 올립니다. 심장기능이나 혈압에 문제가 있는 경우에는 이 자세를 실행하지 않습니다.

🌀 자세의 효과

상급 과정에서 소개되는 완전하게 일어선 코브라 뱀 자세 Puruna-Bhujangasana를 취하기 어려운 경우에 실행할 수 있는 자세로, 심장 부근의 아나하타-차크라Anahata-cakra를 각성시키는 효과가 있습니다. 천식환자에게 유용한 자세로서 심장과 허파기능에 활력을 주고, 억눌린 감정을 해소시키는 데도 좋은 자세입니다.

■ 배를 바닥에 대고 엎드린 후, 다리는 가지런히 모으고 몸을 곧게 폅니다.

■ 주먹 쥔 손은 골반 옆 바닥에 붙여두고, 느릿하게 왼쪽 다리를 위로 들어 올립니다.

■ 충분한 시간 동안 자세를 유지하였다가 천천히 바닥으로 다리를 낮춥니다.

■ 같은 방법으로 오른쪽 다리를 들어 올리고 내립니다.

✸ 유의할 점

골반이 바닥에서 들리지 않도록 유의하며 발끝에 힘을 빼고 무릎이 구부러지지 않게 합니다. 왼쪽 다리를 먼저 들어 올리는 이유는 상행결장을 압박하고, 오른쪽 다리를 들어서 하행결장으로 이동시킴으로써 진행과정에 따라 장의 연동운동을 촉진하기 위함입니다.

✸ 자세의 효과

척주를 지지하는 등의 근육과 요추 부위에 강한 긴장을 주어 등배근의 강화와 탄력을 동시에 갖게 하는 자세입니다. 좌골 신경통과 허리의 이상을 개선하고 복부의 압력을 높임으로써 소화 및 배설기능을 원활하게 하며, 특히 변비의 개선에 유익한 자세입니다.

메뚜기 자세 1 Shalabhasana

- 바닥에 턱과 배를 대고 엎드린 후 다리를 모아 가지런히 합니다.
- 두 손은 주먹을 쥐어 엉덩이 옆에 붙이거나 골반 밑으로 밀어 넣습니다.
- 무릎이 구부러지지 않도록 유의하며 느릿하게 두 다리를 최대한 높이 들어 올려 고정합니다.
- 양 팔을 지렛대 삼아 골반 부위를 바닥에서 띄운 상태로 충분한 시간 동안 정점에 유지시킵니다.
- 느릿하게 다리를 바닥에 내려놓고 엎드린 휴식자세Matsya-Kridasana를 취합니다.

✺ 유의할 점

자연스런 호흡과 함께 느릿하게 진행하며, 팔꿈치나 무릎이 구부러지지 않도록 유의합니다.

많은 육체적인 노력과 더불어 정신적 인내를 요구하는 자세이므로 폐와 심장기능에 이상이 있거나 고혈압, 탈장 등의 증세가 있는 경우에는 실행하지 않아야 합니다.

✺ 자세의 효과

자율 신경계 전반에 영향을 미치는 자세로, 특히 목과 골반 부위의 부교감 신경을 자극합니다.

근육의 수축과 이완으로 복부 및 골반 내 각 기관들의 기능에 영향을 미치고, 허리의 이상을 개선하여 좌골신경통과 요통을 완화시킵니다.

균형자세 Santolanasana

- 엎드린 자세에서 먼저 다리를 가지런히 하고, 팔은 어깨 너비로 열어 두 손을 바닥에 짚습니다.
- 팔꿈치가 구부러지지 않도록 곧게 펴고, 발끝을 모은 두 다리는 곧게 뻗어 전신이 펴진 상태로 정지합니다.
- 편안하게 앉아서 자연스런 호흡을 유지하며 휴식합니다.

자세의 효과

전신의 긴장을 유도하여 의식의 집중을 높이고, 허리를 강화시키며 의지력 향상에도 도움이 되는 자세입니다.

- 다리를 앞으로 뻗어 가지런히 모으고 앉습니다.
- 엉덩이 뒤쪽 바닥에 손끝이 뒤쪽으로 향하게 해서 손바닥을 붙입니다.
- 팔꿈치를 펴면서 느릿하게 가슴과 엉덩이를 위로 들어 올립니다.
- 발끝이 바닥에서 떨어지지 않도록 하여 위를 바라보다가 고개를 뒤로 젖히고 눈을 감습니다.
- 눈을 떠 머리를 들고, 발끝을 바라보며 천천히 엉덩이를 바닥으로 낮춥니다.

✳ **유의할 점**

고혈압, 심장질환, 위장기능에 이상이 있거나 손목관절이 약한 경우에는 이 자세를 실행하지 않도록 합니다.

✪ **자세의 효과**

목의 긴장을 풀어주고 척추의 배열을 고르게 하며, 아킬레스건을 탄력 있게 함과 동시에 장 기능을 활성화합니다.

고양이猫 자세 1 Marjari-asana

- 양 다리를 뒤로 접어 무릎을 꿇고 앉습니다.
- 바닥에 손을 짚고 엎드린 자세에서 다리와 팔을 직각으로 세워 등과 머리는 바닥과 나란하게 합니다.
- 무릎은 서로 붙이거나 조금만 열어둡니다.
- 가슴 가득 숨을 마시며 등을 최대한 끌어 올리고 깊숙이 낮추어 가슴으로 끌어당깁니다.
- 어느 정도 자세를 유지한 후, 숨을 내쉬면서 고개는 뒤로 젖히고 복부를 최대한 아래쪽으로 낮춥니다.

자세의 변화

- 처음의 자세에서 호흡을 반대로 하여 복부는 낮추고, 머리를 치켜 올리며 숨을 마십니다.
- 등을 높이면서 머리는 낮추며 숨을 토합니다.
- 느릿하게 한 차례를 실행하지만, 능력에 따라 무리하지 않는 범위 내에서 몇 차례 반복할 수 있습니다.

☀ 자세의 효과

고양이의 유연한 동작을 모방한 이 자세의 실행은 목과
어깨에 유연성을 줍니다.

 참고

가슴이 최대한 확장되어 폐활량이 커지고 횡격막의 수축력을 높이는 자세로, 숨이 들고 나가는 소리를 내는 '승리자Ujjayi' 라는 깊은 호흡법과 병행하기도 합니다.

자세의 실행 동안 팔꿈치가 구부러지지 않도록 유의합니다. 이 자세는 여성의 경우 불규칙한 월경주기나 이와 관련된 내분비계의 무질서를 개선하고 생리통을 감소시키는 등 여성의 생식 기능을 향상시켜 줍니다. 또한 임신 3개월에서 6개월까지의 산모에게 유용한 자세로, 입덧을 방지하고 내분비계를 조화롭게 합니다. 그러나 정상적인 착상이 확인되지 않은 임신 초기나 6개월 이후에는, 깊은 호흡이 오히려 복부를 강하게 수축하여 태아에게 많은 압박을 줄 수 있으므로 실행하지 않도록 합니다.

반 물구나무서기 Bhumi-Pada-Mastakasana

- 무릎을 꿇고 앉은 상태에서 고양이 자세Marjari-asana에서와 같이 손을 앞에 짚고 손과 손 사이의 바닥에 이마를 붙입니다.
- 천천히 무릎을 펴며 엉덩이를 위로 들어 올립니다.
- 양 손은 바닥에서 떼어 엉덩이에 붙이고 발뒤꿈치를 들어서 발끝과 이마로 몸의 균형을 잡습니다.
- 적당한 시간 동안 유지하였다가 진행의 역순으로 되돌아옵니다.

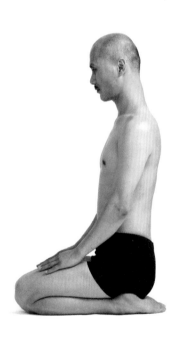

✱ 유의할 점

고혈압이나 심장의 이상, 귀의 염증, 안구질환, 내분비계의 이상, 동맥경화, 감기, 비염, 천식, 폐의 질환, 빈혈과 허리의 이상이 있는 경우에는 이 자세를 실행하지 않도록 합니다. 서서 실행하는 자세 이후에 실행할 수 있습니다.

◎ 자세의 효과

상급과정에서 소개되는 물구나무서기Sirshasana의 준비단계로, 목을 강하게 하고 신경 순환계를 조화롭게 합니다. 두뇌에 충분한 혈액을 공급하여 저혈압이 개선됩니다.

상체 숙이기 1 Uttan-asana

- 발끝을 가지런히 하고 몸을 바르게 세웁니다.
- 가슴 앞에서 팔짱을 끼고, 느릿하게 상체를 아래로 숙여 엄지발가락 가까이 팔꿈치를 끌어 내립니다.
- 최대한 팔꿈치를 낮추어 교차한 팔의 중간에 이마를 대고 잠시 상체의 긴장을 풀어줍니다.
- 몸의 균형을 잡아 유지한 후 천천히 허리에 힘을 넣어 상체를 일으켜 세운 후 팔을 풀고 휴식합니다.

 자세의 효과

척주의 탄력이 커져 허리가 유연해지고, 두뇌로의 혈액
공급이 원활해집니다.

- 체중이 양쪽 발에 고루 실리도록 발끝을 나란히 하여 바로 섭니다.
- 팔은 가지런히 허벅지에 붙였다가 정면을 향하여 느릿하게 들어 올립니다.
- 어깨높이에서 손바닥을 마주 보게 한 후 머리 위로 들어 올리면서 양쪽 발뒤꿈치도 서로 맞붙여 치켜듭니다.
- 손끝을 최대한 위로 밀어 올린 상태로 한 곳에 시선을 고정시킵니다.
- 전신이 균형을 이룬 상태에서 움직임 없이 멈춥니다.
- 느릿하게 진행의 반대순서로 되돌아옵니다.

자세의 효과

전신의 모든 근육을 늘이고 신경계와 내장을 자극하며,
집중력과 몸의 균형감각을 높여 주는 자세입니다.
전체적인 균형을 위해 거꾸로 몸을 세운 자세 이후에 이
자세를 실행할 수 있습니다.

반원의 자세 Ardha-Cakrasana

- 발끝을 가지런히 모으고 손바닥은 허벅지 양옆에 붙여 상체를 바르게 세웁니다.
- 오른손을 옆으로 느릿하게 들어 올려 어깨높이에서 손바닥이 위로 향하게 한 후, 천천히 머리 위로 들어 올립니다.
- 올린 손끝을 최대한 치켜세우고 왼손은 허벅지 아래로 뻗어 내리면서, 천천히 왼쪽으로 전신을 활처럼 휘게 합니다.
- 충분히 자세를 유지한 후 느릿하게 역순으로 돌아와 팔을 바꾸어 실행합니다.

✸ 유의할 점

가슴을 앞으로 내밀거나 엉덩이가 뒤로 빠지게 되면 척추가 흐트러질 수 있습니다. 다리가 벌어지거나 무릎이 구부러지지 않게 하여 균형을 찾고, 가능한 천천히 실행하면서 동작에 의식을 집중합니다.

✸ 자세의 효과

옆구리 근육이 늘어나 유연성이 커지고, 늑골을 열어줌으로써 호흡기능이 향상됩니다.

삼각형 자세 Trikonasana

- 다리를 어깨 너비보다 조금 더 넓게 연 후 양 팔은 어깨높이로 들어 올립니다.
- 상체를 왼편으로 기울여 왼손으로 왼 발목을 잡고 오른손은 수직으로 세우며, 시선은 손끝에 두거나 정면을 바라봅니다.
- 허리에 힘을 주어 왼편으로 기울인 몸을 천천히 일으키고 같은 순서와 방법으로 오른 편을 실행하고 처음 자세로 되돌립니다.

자세의 변화

■ 다리를 어깨 너비보다 조금 더 넓게 열고, 양 손으로 허리 뒤쪽을 감싼 후 엄지손가락으로 허리근육을 누릅니다.

■ 왼발 끝은 바깥으로 향하게 한 후, 느릿하게 왼편으로 상체를 기울이면서 왼손바닥을 왼 발등 바깥쪽에 붙입니다.

■ 오른팔을 위로 들어 수직으로 세우고 시선은 손끝에 두거나 정면을 바라봅니다.

■ 그런 다음 정면을 바라보며 오른팔을 낮추어 귀 옆에 붙여 바닥과 나란하게 합니다.

■ 역순으로 상체를 세워 되돌아온 후, 같은 방법으로 반대편을 실행합니다.

🔅 자세의 효과

내장의 위치 이상을 개선하고, 비틀어진 자세를 바르게
합니다. 옆구리를 늘임으로써 울혈이 된 부위의 긴장을
풀어 혈액순환을 고르게 하고 폐의 기능을 원활하게 합
니다. 다리 근육을 강화하고 척주를 유연하게 하여 전신
에 활력을 줍니다.

- 발끝을 가지런히 모으고 똑바로 섭니다.
- 오른쪽 다리를 접어 발바닥을 왼쪽 허벅지 안쪽 깊숙이 붙이고, 구부린 다리의 무릎이 옆으로 향하게 합니다.
- 전면의 한 곳을 응시하며 양팔을 비스듬히 펴서 균형을 찾은 후, 천천히 가슴 앞에 두 손을 모아 상체를 바르게 세웁니다.
- 역순으로 제자리로 돌아와 선 다음 다리를 바꾸어 실행합니다.

자세의 변화
- 가슴 앞에 모은 손을 머리 위쪽 높이 들어 올렸다가 천천히 내립니다. 이 경우에도 시선은 전방의 한 점에 고정시킵니다.

 참고

자세의 효과

이 자세는 신경기능의 균형감각을 향상시킵니다. 발목
인대와 다리근육의 탄력을 높이고, 의식의 집중력을 극
대화시킵니다. 심신의 조화와 안정을 위하여 매우 유익
하며, 숙달된 수행자에게는 서서 행할 수 있는 명상 자
세입니다.

참고
브릭샤Vriksha는 인도 전설에 묘사된 요가
수행자의 성취를 이끌고 소원을 들어준다
는 '신비하고 성스러운 나무*樹木*' 입니다. (G.S
2/36)

- 배를 바닥에 대고 엎드립니다.
- 팔을 머리 위쪽으로 뻗은 다음 손바닥과 이마는 바닥에 붙이고 모든 움직임을 멈춥니다.
- 숨은 자연스럽게 유지하며 몸의 긴장이나 불편함이 해소될 때까지 충분히 휴식합니다.
- 눕거나 엎드린 자세의 전후에 취하는 휴식의 자세로, 목과 허리 및 척추에 이상이 있는 경우나 등이 뻣뻣하여 눕기 어려운 사람들에게 추천되는 휴식 자세입니다.

찾아보기(가나다순)

참나무의 작은 씨앗 하나를 쪼개 열었을 때,
그 안에는 우리가 주목할 가치가 있는 것이 아무것도 없는 것처럼 보인다.
그러나 그 씨앗의 미세한 배院 안에는 커다란 참나무가 담겨 있는 것이다.
— 문다카 우파니샤드 Mundaka Upanishad

인도 전통 요가의 맥脈

초판 1쇄 인쇄 | 2007년 3월 5일
초판 1쇄 발행 | 2007년 3월 12일

편역 | 배해수
펴낸이 | 이의성
펴낸곳 | 지혜의 나무

등록번호 | 제 1-2492호
주소 | 서울시 종로구 관훈동 198-16 남도빌딩 3층
전화 | 02)730-2211
팩스 | 02)730-2210

ISBN 978-89-89182-61-0 03690
ISBN 978-89-89182-60-3 세트